モダン・空間・異文化

―東アジアの広告文化論―

楊 韜

朋友書店

前書き

　日本の大学で中国語、中国文化論、アジア文化論などの授業を担当することは多い。その際、なるべく具体的な事例を挙げながら話を進めるようにしている。なぜなら、一言で「中国文化」あるいは「アジア文化」と言うものの、それらは非常に幅広く捉えにくいからだ。近代から現在までの通史をおさえしつつ、さまざまな具体例を話題にしながら学生たちと一緒に考える方法は、分かりやすいうえ効率的である。広告を題材にした議論も少なくない。

　たとえば毎年必ず話題となるのは、11月11日という日だ。日本では、11月11日は「ポッキーの日」や「麺の日」だが、中国では「光棍節（独身者の日）」である。この日には、独身者向けの中国ネット通販商戦が繰り広げられる。日本のバレンタインデーに関する製菓業や百貨店のチョコレート商戦もそうだが、これも一種の作り上げられた消費神話と言えよう。ちょうどこの「前書き」の執筆にとりかかった2015年11月2日、日本郵便のホームページに「光棍節（独身の日）に伴う国際郵便物の遅延について」というお知らせが掲示された。それによると、「中国での11月11日の光棍節（独身の日）に伴う通販需要の拡大により、日本から中国宛ての国際郵便物の急増が予想されることから、同中国宛ての国際郵便物について11月末にかけて送達に遅延が生じる可能性があります」ということである。中国の「光棍節」が海を越えて日本にまで影響をしていることを実感する。

　本書は、筆者がこれまでに書いた論文、評論、国際学会の報告原稿などの中から、広告をテーマとするものを集め、一冊にまとめたものである。本書の大半である百貨店の消費文化に関する章は、2008～2009年に受けた「平成20年度吉田秀雄記念事業財団研究助成」による研究成果である。記して感謝の意を表したい。

　新聞広告・テレビCM・ネット広告などは、日常生活において目にする機会の多いものである。また、我々の消費観念やライフスタイルにも大きく影

響する。さらに、それぞれの広告を通して、多彩な社会文化と接することが可能である。たとえば、「光棍節」消費ブームの形成には、ネット決済システムの成熟や物流業界の発展が欠かせないだろう。本書が、東アジアの歴史や文化に興味をもつ読者の理解促進にささやかなお手伝いができれば幸いである。

著者
2015年11月11日
於　京都

目次

前書き……………………………………………………………………… 3

第1章　モダン空間としての百貨店――1930年代上海の百貨店広告――
1、はじめに……………………………………………………………… 7
2、先行研究と研究目的………………………………………………… 7
3、三種類の相互作用………………………………………………… 11
4、デパート・ガールと「対面的相互作用」………………………… 13
5、ファッション・ショーにおける相互作用………………………… 17
6、ショー・ウィンドー広告が産出する相互作用…………………… 20
7、第1章のまとめ……………………………………………………… 24

第2章　電話のある生活――近代上海メディアにおける電話表象から読み解く――
1、はじめに…………………………………………………………… 26
2、上海電話公司の歴史……………………………………………… 27
3、「新しい物」としての電話表象…………………………………… 29
4、広告における電話表象…………………………………………… 31
5、電話表象にみられるローカル性………………………………… 33
6、電話表象で見られる性別役割…………………………………… 37
7、第2章のまとめ…………………………………………………… 40

第3章　動員の場としての百貨店――1930年代東京の百貨店広告――
1、はじめに…………………………………………………………… 48
2、1938年8月『東京朝日新聞』における百貨店広告の内容……… 49
3、消費・文化・イデオロギー空間としての百貨店………………… 51
4、百貨店広告における「動員」……………………………………… 52
5、第3章のまとめ…………………………………………………… 59

第4章　台所における国民総動員――調味料広告に映った戦争記憶――
1、はじめに…………………………………………………………… 61
2、国民総動員は家庭へ……………………………………………… 61
3、調味料広告に映る国民総動員…………………………………… 62

4、第4章のまとめ……………………………………………………65

第5章　消費空間への回帰―1990年代東京と上海の百貨店広告―
　1、はじめに……………………………………………………………67
　2、印刷広告の分析方法―Arthur Asa Berger研究の援用―………67
　3、東京の百貨店広告…………………………………………………68
　4、上海の百貨店広告…………………………………………………74
　5、第5章のまとめ……………………………………………………78

第6章　2000年代東京と上海における百貨店広告に関する比較調査
　1、はじめに……………………………………………………………79
　2、調査対象の背景と調査概要………………………………………80
　3、調査結果に関する考察……………………………………………84
　4、第6章のまとめ……………………………………………………97

第7章　公共交通と消費行為―東京副都心線開通前後沿線百貨店消費状況変化の調査―
　1、はじめに…………………………………………………………… 103
　2、調査実施の概要…………………………………………………… 103
　3、調査内容の概要…………………………………………………… 104
　4、調査結果に関する考察…………………………………………… 104
　5、第7章のまとめ…………………………………………………… 108

補論　現代広告文化漫談
　1、説得的コミュニケーションとしての広告……………………… 114
　2、文化の違いを超える広告………………………………………… 117
　3、環境問題と広告…………………………………………………… 123
　4、国際平和と広告…………………………………………………… 130
　5、日本の烏龍茶広告にみられる中国的文化要素………………… 138

文献一覧…………………………………………………………………… 143
初出一覧…………………………………………………………………… 150

第1章　モダン空間としての百貨店
―1930年代上海の百貨店広告―

1、はじめに

　第1章は、1930年代上海の百貨店文化を、先行研究には見られないコミュニケーション研究の視点から考察する。すなわち、百貨店という文化的消費空間を構成する諸要素（店員、消費者、広告など）の相互の関係に光を当てる。

　中国最初の百貨店は、1900年にロシア人がハルビンで開業したものである。しかし上海こそが、20世紀初頭以来の長い歴史において、中国百貨店業がもっとも発達した場所である。1917年に先施百貨公司、翌年に永安百貨公司が相次ぎ開業し、そして1926年に新新百貨公司、1936年に大新百貨公司が開業した。この4社とも上海の南京路に店舗を構え、中国近代史上では「四大百貨店」として知られている。それらの百貨店に関する先行研究を概観すると、これまで近代上海の百貨店文化研究において主流であった研究方法は、文化史や経営史的なアプローチであることが分かる。筆者は、この研究分野に新しくコミュニケーション研究の視点を応用したい。以下では、まず本章内容と関係する先行研究を触れ、次に本章で用いる理論的枠組みである「三種類の相互作用」の説明に移る。そして、この三種類の相互作用の観点から、百貨店文化の具体的な構成要素のいくつかを考察の対象とする。なお本章では、主に近代中国の代表的な新聞紙『申報』などの活字メディアに掲載された百貨店広告を史料として用いる。

2、先行研究と研究目的
(1) 先行研究
①日本の百貨店に関する先行研究
　日本の百貨店に関する先行研究としては、以下のものが挙げられる。上野

千鶴子(1992)、初田亨(1993)、神野由紀(1994)、山口昌男(1995)、吉見俊哉(1996)、高柳美香(1997)、難波功士(1998A)、山本武利・西沢保編(1999)、坂田隆文(2003)、小平麻衣子(2008)、瀬崎圭二(2008)。これらの先行研究は、建築史、文学史、文化史、経営史、社会史といった多様な視点から行われてきた。難波功士は百貨店を考察する視点を、「エキジビションの装置としての百貨店研究、消費のテイストメーカーとしての百貨店研究、レジャーの場としての百貨店研究」[1]などと分類している。また難波は戦時期(太平洋戦争期を中心に)における百貨店の国策展覧会に注目し、その展覧会のコンテンツが国策プロパガンダに傾斜していったプロセスについても考察している。

②中国の百貨店に関する先行研究

　中国の百貨店に関する先行研究としては、以下のものがあげられる。上海社会科学院経済研究所編(1981)、島一郎(1995)、白麗(1997)、上海百貨公司・上海社会科学院経済研究所編(1998)、朱国棟・王国章編(1999)、K.K. Wellington Chan(1999)、Leo Ou-fan Lee(1999)、董愛軍(2000)、岩間一弘(2002)、菊池敏夫(2005)、Wen-Hsin Yeh(2007)、劉怡婷(2007)。朱国棟・王国章編(1999)は、百貨店を含む小売業全般を対象とした経済学的視点からの通史的研究である。百貨店通史研究としては、他に上海百貨公司・上海社会科学院経済研究所編(1998)がある。また、上海の個別の百貨店に関する企業経営史的研究として、上海社会科学院経済研究所編(1981)と白麗(1997)があり、それぞれ永安百貨店と上海第一百貨店を対象としている。一方、個別の百貨店だけでなく、近代上海百貨店の全体に関する経済史的研究は、島一郎(1995)とK.K. Wellington Chan(1999)が挙げられる。最後に、文化研究の視点から近代上海の百貨店を考察した研究としてLeo Ou-fan Lee(1999)とWen-Hsin Yeh(2007)が、百貨店のPR誌をジェンダーの視

1　難波(1998A)、196頁。

点から論じたものとして劉怡婷（2007）が、日中戦争期の上海における百貨店の変化をめぐる歴史研究として菊池敏夫（2005）がある。中国国内都市に新しい顔として出現した日系百貨店と伝統ある老舗百貨店についての、売り場配置、商品構成、経営理念などの諸点の比較研究が董によって行われているが、これは異色な研究である。

③日本と中国の百貨店比較に関する先行研究

　日本と中国の百貨店を比較した先行研究として、主に井上崇通（1999）、謝憲文（2000）の二つが挙げられる。井上は、日本と中国の百貨店の経営の特徴と問題点、そして両国の百貨店の経営改革について論じている。謝は日中両国の流通構造と流通に関する政策を論じているが、なかの一章では百貨店を代表的な小売業の一つとして、その商品の仕入れや販売促進に関する両国の比較を行った。

(2) 研究目的

　本章における目的は大きく二つある。第一には、日本の百貨店研究の成果を参考に、近代中国の百貨店という異なる研究対象へ目を向け、今まで重視されてこなかったコミュニケーション研究の視点を導入し、近代上海の百貨店文化と近代中国における「近代性」の関係を考察する。前述した先行研究は、百貨店の出資者及び創設経緯、百貨店の経営の歴史、百貨店の内装、1937年に日本軍が上海に侵攻した後の百貨店の様子など、様々な側面から近代上海の百貨店を考察している。特にLee（1999）と菊池（2005）は、百貨店文化を近代中国商業文化の代表の一つとして、その近代性との関係を取り上げている。菊池は、百貨店の商品販売施設の部分だけでなく、その付属施設である旅館やダンスホールなどにも注目し、「洋の東西を問わず、百貨店に代表される高層ビルの外観は近代都市の象徴であり、ランドマークである」と述べ、四大百貨店が集中する上海南京路一帯を「中国最大のショッピングエリアと

して上海「モダン」の象徴的存在」[2]であると述べる。Leeも百貨店の高層ビル及びその内部に導入されたエスカレーターや冷暖房設備などに言及しつつ、「上海モダン」を細部に到るまで描写し尽くしている。しかし、彼らの目は、「近代（モダン）」の象徴とされている百貨店の外観や内装といった「ハード」の部分に集中しており、その「ソフト」の側面にはほとんど向けられていない。すなわち、百貨店における販売者と消費者とのやりとりが正面から扱われていないのである。それゆえ筆者は、従来の研究者が関心を寄せることが少ないこの点に、すなわち、百貨店という消費空間における、販売者と消費者との相互作用という点に注目したいのである。その際、三種類の相互作用を考える。当時において「斬新・奇抜」と見られた高層ビルやエレベーターなど物質的なものだけが近代の象徴であったわけではない。人と人との対面的な接触、そして次第に増えるメディアを介した相互作用における人間関係といったコミュニケーションの新しい形式も「近代性」の一側面とみなすことができる。以下の考察を通して、この「もう一つの近代性」の実態を明らかにすることが、本章における第一の目的である。

　次に難波功士の研究に言及しながら、本章における第二の目的について述べる。本章で用いる資料（すなわち、直接の分析対象）は広告である。難波は、これまで広告研究の「多くは経営学や心理学のものであり、社会学の領域では、消費社会論のなかで言及されるが、マス・コミュニケーション研究における内容分析の対象として、時おり顔をのぞかせる程度でしかない」[3]と指摘する。さらに、難波はそのようなものも「「何が語られているか」を解読＝分析している場合がほとんどである。・・・「広告を実体としてではなく、関係において捉える」という視点の欠落であろう」[4]と疑問を抱く。難波が疑問視しているのは、従来の広告研究において広告の意味論的次元の考察の比重が大きいことである。そこで、難波が主張するのは「より実際に即した広告把握の

2　菊池（2005）、174頁。
3　難波（1996）、159頁。
4　難波（1996）、160頁。

ために、「広告⇔受け手」関係において広告コミュニケーションを捉え、その場のコンテクストとの相関において広告の意味作用を考えること」[5]であった。そして難波はゴフマンの「広告とはKeyingだ」という発想に着目し、広告を「シチュエーション、インタラクション、インターテクスト、リアリティ」の四つの側面から論じる。ここで筆者が注目するのは、難波が提示した広告研究におけるコミュニケーションの視点である。難波の視点にヒントを得て、コミュニケーションという新しい視点から近代上海の百貨店文化について考えてみたい。これが、本章における第二の目的である。では、考察の理論的枠組みの説明から入ろう。

3、三種類の相互作用

John Thompsonは、人間どうしのコミュニケーションにおける相互作用には、「対面的相互作用」（face-to-face interaction）、「メディアを介した相互作用」（mediated interaction）、「メディアを介した擬似的相互作用」（mediated quasi-interaction）の三種類（表1-1参照）があると考えた。本章では、近代上海における百貨店におけるコミュニケーションを想定して、この三種類を再構成する。すなわち、「メディアを介さない特定の場所で生じる対面的相互作用」、「メディアを介する特定の場所で生じる相互作用」、「メディアを介する不特定の場所で生じる相互作用」の三種類である（表1-2参照）。

表1-1が示したように、Thompsonによる「三種類の相互作用」理論は、時間／空間を重要な要素として、相互作用の背景を分析している。前近代においては、対面的相互作用が中心的で、その身体的特徴は顕著であり、身体の移動性には限界がある。この対面的相互作用においては、言葉以外の合図（身振り・イントネーションなど）も構成要素となる。そして、手紙を書くというようなメディアを介した相互作用は、同じ身体的移動に限界がありながら、

5　難波（1996）、161頁。

表1-1 Thompsonによる「相互作用の三種類」

相互作用の特徴	対面的相互作用	メディアを介した相互作用	メディアを介した擬似的相互作用
空間／時間の構造	共存する状況、共有する時空間	状況の分離、拡大可能な時空間	状況の分離、拡大可能な時空間
象徴的合図の範囲	多様な象徴的合図	限られる象徴的合図	限られる象徴的合図
行為決定の対象	特定の他者	特定の他者	不特定の受け手
会話的／独白的	会話的	会話的	独白的
身体的／仮想的	身体的	身体的	仮想的
事例	会話する	手紙を書く、電話をかける	新聞を読む、ラジオやテレビを視聴する

(出所：Thompson, B. John. (1995) に基づき、筆者作成)

表1-2 百貨店における「相互作用の三種類」

百貨店における三種類相互作用の特徴	メディアを介さない特定の場所で生じる対面的相互作用	メディアを介する特定の場所で生じる相互作用	メディアを介する不特定の場所で生じる相互作用
空間／時間の構造	同時に、百貨店という特定の場所で	同時に、百貨店という特定の場所で	非同時に、百貨店以外の不特定の場所で
象徴的合図の範囲	話しかけ方、ジェスチャー、微笑み等	ショーを演じるポーズ、歩き方、顔の向き方等	特に感じない
行為決定の対象	個人消費者	観衆、消費者集団	一般の人々
会話的／独白的	会話的	（限られた）会話的	独白的
身体的／仮想的	身体的	身体的	仮想的
事例	店員（デパート・ガール）と顧客	百貨店のファッション・ショー	百貨店広告を通しての仮想的消費行為

(出所：筆者作成)

書き手と受け手の認識する時空間を拡大することに貢献する。一方、メディア（新聞やテレビなどの現代マス・メディア）を介した擬似的相互作用の特徴として、例えばブラウン管の中の人間は、不特定のオーディエンスに仮想的共存という一種の幻想をもたせることができる。Thompsonは、この「三

種類の相互作用」は「唯一可能な類型ではないし、すべての状況に当てはめることができない」とし、この分類法が「相互作用の新しい種類の生成を妨げることは望まない」[6]と述べる。そこで、筆者はThompsonの分類形式を表1-2のように再構成した。

ここでは、コミュニケーションの発生する場所が特定されるか、特定されないかが重要な要素となっている。本章で考察する三種類の相互作用のなかで、一番目と二番目はともに百貨店という特定の場所で、三番目は百貨店以外の不特定の場所（他の公共場所でも、個人の家でも）で行われるものである。とりわけ二番目における「時間／空間」の要素に関しては、Thompsonの分類形式とは異なる。ではこれより、この再構成した新しい「三種類の相互作用」を用いて、具体的な事例を分析し、近代上海の百貨店という文化的消費空間を構成する諸要素（店員、消費者、広告）の相互の関係を考察する。

4、デパート・ガールと「対面的相互作用」

ここでは「対面的相互作用」として、百貨店の女性店員（デパート・ガール）と顧客とのやり取りを考える。図版1-1に示したように、近代上海の百貨店の売り場で接客するのは主に男性店員であった。1917年10月、先施百貨店が初めて女性店員を採用した。『上海永安公司的産生、発展和改造』によると、1937年には、永安百貨店の売り場において全部で51人のデパート・ガールがいた。そのうち12人は文房具売り場に配属されている。では、百貨店の店員と顧客の間の相互作用には、どのような特徴があったのか。また百貨店文化の一部を成すデパート・ガールの実態にも目を向けたい。

田崎宣義と大岡聡は、近代日本における百貨店の販売方法を扱った研究で、大阪三越の「メッセンジャーボーイ」に言及しており、「メッセンジャーボーイ」による訪問販売方式は、当時の顧客にとっては「一種のステータスシン

---

6 Thompson (1995)、86頁。

図版1-1　先施百貨店洋服売り場

（出所：上海図書館「上海年華」http://memoire.digilib.sh.cn/SHNH）

図版1-2　デパート・ガール

（出所：『上海職業さまざま』）

第 1 章　モダン空間としての百貨店

ボルでもあった」[7]と指摘する。田崎と大岡は、このような訪問販売方式は百貨店の展開のブレーキであったと考え、大阪地域での消費習慣と気風がこのような訪問販売を持続させたと述べている。その気風は「見栄」によって支えられていた。すなわち、「どの商店で何を買い、何を身に纏うかだけでなく、いかに買うかも「見栄」を構成していた」。上海の「デパート・ガール」は大阪の「メッセンジャーボーイ」と共通点をもつ。それは買い物客の「虚栄」を満足させることに大きな役割を果たした点である。上海のデパート・ガールに纏わる逸話がある。1930年代永安百貨店はカンクリンというブランドのアメリカ製高級万年筆を販売していた。永安百貨店は万年筆売り場で10人ほどのデパート・ガールを配置し、彼女たちのことを「康克令西施」と名づけて盛んに宣伝した。また、それに対抗した新新百貨店も自分の店のデパート・ガールを「派克皇后」と名づけて、パーカーの高級万年筆を販売した[8]。ここでの「西施」とは中国古代の「四大美女」の一人の名前である。「皇后」も地位が高い「上流階級」を象徴する人物である。このような販売方針を打ち出した百貨店側の目的は、華麗なデパート・ガールを登場させることによって、高級商品売り場の豪華な雰囲気を演出し、より多くの顧客を獲得することであった。百貨店側は、上海の消費者の「豪華・高級・品位・先端」に対する欲望に働きかけようとした。

　一方、デパート・ガールの労働実態について、A・ホックシールドが用いる「感情労働」の概念とE・ゴフマンが論じた「相互作用における規則」を援用して考えたい。ホックシールドは航空会社の客室乗務員を研究対象とし、彼女たちの「感情労働」（emotional labor）を論じている。この感情労働とは、「公的に観察可能な表情と身体的表現を作るために行う感情の管理」[9]という意味である。ホックシールドによると、客室乗務員は、（重い食事カートを押して通路を通るような）単純肉体労働と（緊急着陸や脱出の準備など

7　田崎・大岡（1999）、28頁。
8　岩間（2002）、79頁。
9　ホックシールド（2000）、7頁。

のような）頭脳労働のほかに、（自分の感情を誘発したり抑圧したりしながら、相手のなかに安心感やもてなされているという印象を作り出すという）感情労働も行っているという。この感情労働を行うために、客室乗務員は自分の外見（笑顔）を維持しなければならない。しかも、その「維持」は、厳しい職業訓練や勤務の時間内だけでなく、乗務員たちの私的時間にも及び、ほとんど彼女たちのアイデンティティとさえなっている。また、ホックシールドの指摘と関連するのは、ゴフマンが論じた「相互作用における規則」である。ゴフマンが言う規則とは、私たちが「舞台の上」にいるときに適用される規則である。つまり、私たちはあるキャラクターを演じ、別の人物が演じているキャラクターと相互行為をしている。ゴフマンにとって、行為とは表層的な演技であり、行為者の関心は肩の傾きや、視線の角度、笑顔の硬さなどの身振りである。

　ホックシールドとゴフマンの知見は、本章で取り上げる上海百貨店のデパート・ガールにも当てはまる。上海のデパート・ガールは経営者に華麗な外見と営業成績が求められる。彼女たちは給与の大半を衣装、化粧品やパーマなどにつぎ込んでおしゃれをした[10]。また、彼女たちがいつも笑顔でいることも求められる。上海のデパート・ガールたちは1日に11時間近くも働き、厳格な勤務管理をされている。職場に就く以前は、彼女たちは「店規」という各百貨店の管理上のルールに従って、厳しい職業訓練に耐えてきた。顧客からの差別や侮辱を受けることもあった。客室乗務員は勤務を終えても疲れが取れないという事実をホックシールドは報告しているが、この意味では、上海のデパート・ガールの境遇もそれと似ている。とはいえ、近代上海のデパート・ガールの出現は、男性的と捉えられていた小売業界のイメージを一変させ、画期的であった。また、彼女たちの微笑みやジェスチャーは、これまでの店員と顧客の対面的やり取りに斬新な要素を取り入れ、百貨店という消費空間に新風を吹き込んだ。また、デパート・ガールを店の看板（シンボ

10　岩間（2002）、78頁。

ル）として登場させた事実から、百貨店経営側の販売戦略における方針転換
も推測される。西沢保が「店員なしでビジネスは成り立たない。立派な建物、
巧妙な広告、優れた商品、また非常に進んだ組織のもとに経営している店も、
結局そこに働く男女店員の基礎の上に立つものである」[11]と述べているように、
1930年代上海の百貨店はそれまでのように外観や設備に拘るだけでなく、よ
り「人的要素」を重視し、店員教育に力を入れた形跡が窺える。無論、これ
は「対面的相互作用」の土台となる重要なものであった。

5、ファッション・ショーにおける相互作用

次は、百貨店で開催されるファッション・ショーを取り上げ、「メディア
を介した特定の場所で生じる相互作用」について考えたい。デパート・ガー
ルと顧客の相互的やり取りは、百貨店の売り場という特定な場所で行う一対
一の相互作用である。その際に、身体的・会話的要素が顕著に見られる。ファッ
ション・ショーという消費的イベントは同じ百貨店という特定した場所で行
なわれる一方、その対象は不特定である。つまりファッション・ショーを見
に来る人々は多種多様である。一人の顧客もいれば、家族連れの顧客もいる。
またこの際に、必ず言葉が交わされるとは限らないため、身体的・（限られた）
会話的要素しか見られない。ではここで実際のファッション・ショーの写真
とファッション・ショーに関する新聞広告を具体例として、当時百貨店で行
われたファッション・ショーの様子をみてみよう。

図版1-3は、1929年3月に恵羅百貨店で行ったファッション・ショーの様
子を撮影した写真である。今回のファッション・ショーは3月18日から24日
にかけて開催せれた「春夏時装展覧会」であり、中華（衣装）と西洋（衣装）
の二部構成となっている。このファッション・ショーは「来場者に褒め称え
られ（中略）世間を一時騒がせた」[12]。近代上海最初のファッション・ショー
がいつ開催されたのか不明だが、マネキン人形さえも新しいものとして登

11　西沢（1999）、82頁。
12　『上海漫画』、1929年4月6日。

場してきた時代に、生身の人間が衣装をまとった姿を見せてくれるというまったく斬新な宣伝手法が、多くの観衆を驚かせた。また、ファッション・ショーの導入によって、百貨店における顧客と店側の距離にも変化が生じた。近代日本の百貨店に目を移すと、座売り方式から陳列販売方式へ変わった状況について、初田亨が「改装した売場は好評で多くの客を集め・・・陳列販売方式が、いかに人々の人気を博したか窺える」[13]と述べている。座売り方式から陳列方式へ変わったことは、商品の展示や取り出し方だけの変化でなく、顧客と店側の距離をより近くにした。この意味では、上海の百貨店で行ったファッション・ショーは、顧客と商品、顧客と店側の間の距離を徹底的に、最大限に縮めたと言えよう。

図版1-3　デパートのファッション・ショー

（出所：『上海漫画』、1929年4月6日）

そして図版1-4と1-5は、同じ日の『申報』に掲載された永安百貨店と先施百貨店の広告である。宣伝の対象はシルクなどの生地である。永安の広告は女性の写真を使っているに対して、先施の広告は女性の挿絵を使ってい

13　初田（1999）、84頁。

る。しかし、この二つの広告で表現しているのは皆チャイナドレスを着ているスリムな体形の女性である。この二つの広告では、いずれも大きく「時装表演」という表現が書かれている。それは英語「Fashion Show」の訳語であり、日本語で言う「ファッション・ショー」の意味である。「Fashion」の中国語訳は最初が英語の発音に近い「翻新(ふぁんしん)」という字を当てたが、後に「時装」となった。つまり、「時の衣装」ということである。これも当時において、「ファッション＝いつも新しい衣装」というような消費文化的公式の表現といえるだろう。また、ファッション・ショーが開催する時間と場所も明記している。永安百貨店では、広告掲載日から毎日、2階生地売り場にて午後2時と6時、2回行う。先施百貨店では、広告掲載日から10日間毎日、2階にて午前10時半、午後3時半、午後5時半の3回を開催する。この二つの広告から、当時のファッション・ショーの開催期間が長く、その頻度もかなり高いと分かる。このようなファッション・ショーに関する広告は他にも多くみられる。

　百貨店のファッション・ショーは、衣装あるいは生地の良さを最大限に引

図版1-4　永安百貨店広告

（出所：『申報』、1936年5月1日）

図版1-5　先施百貨店広告

（出所：『申報』、1936年5月1日）

き立てた状態で鑑賞することを可能になった。また、ファッション・ショーを通して、販売側と消費者側の相互作用が近距離で実現した。この際の「メディアを介した相互作用」におけるメディアとはファッション・ショーという消費的イベントである。消費者は、近距離での身体的メッセージを受信し、鑑賞するとともに（買うかどうかという）自身の消費行為における決断を下す。販売側（百貨店あるいは生地の生産者）からみれば、ファッション・ショーの現場において、多くの消費者（観衆）の購買欲を高めるだけでなく、商品に対する消費者の反応も窺うことができる。無論、ファッション・ショーにおいては、必ず顧客との会話的やり取りがあるわけではないが、一定の消費動員効果があったことは推察できる。

6、ショー・ウィンドー広告が産出する相互作用

最後に、ショー・ウィンドー広告を具体例にして、「メディアを介する不特定の場所で生じる相互作用」について考えたい。ここで言う「ショー・ウィンドー広告」には、二つの意味がある。一つは一般的に言う百貨店の実際のショー・ウィンドーであり、もう一つは実際のショー・ウィンドーの「写

真」を用いた広告のことである。田島奈都子はウインドーの陳列は刻々と変えられていくため、ポスターやPR雑誌のように現物として残らず、わずかに写真でその概要が伝えられているにすぎないことから、「ウインドー・ディスプレーがこれまで広告活動として取り上げられたり、考察されることのなかった最大の理由なのである」[14]と述べている。本章で取り上げるショー・ウィンドーの実物の写真を用いた広告が近代日本にもあったのか、今後の検証が必要であるが、少なくともウインドー・ディスプレー研究の一つの方法になるかもしれない。

　図版1-6は、永安百貨店の実際のショー・ウィンドーの様子を映している写真である。この写真では、男性のスーツやネクタイなどの商品を展示している。

図版1-6　永安百貨店のショー・ウィンドー

（出所：『上海職業さまざま』）

　そして、図版1-7は上海勝徳工場が1936年3月10日の『申報』に掲載した一面広告。宣伝の対象は、同工場で生産した織物である。広告には、商品の性質を語る文と座る女性の絵以外に、大きな（永安百貨店の）ショー・ウィ

14　田島（1999）、255頁。

ンドーの写真がある。まるでこれは百貨店が出した広告ではないかとの錯覚が起こってしまう。Jan Whitakerは近代アメリカの百貨店広告を論じて、「ほとんどの百貨店広告には商品の視覚的情報が少ない」[15]と述べている。これと同じように、百貨店のショー・ウィンドーのイメージ写真を商品広告に取り込む手法は、近代中国でも決して多くない。ここで広告主の狙いは、二つあると推測される。まず、この広告では上海の有名デパート名が羅列されている。「本外埠各大公司（上海内外各地のデパート）に発売中」という宣伝コピーは、商品の質を説いている。なぜなら、有名デパートで展示・販売されていることは、商品の質が信頼できることを意味するからである。もう一つは、商品販売の地域的拡大の狙いである。『申報』の発行範囲は、上海市周辺地域も含まれる。上海のデパートに直接足を運ぶことができない消費者にも買い物の参考にしてもらうことができる。この広告のなかで、女性の挿絵や宣伝コピーなどは、広告の慣用的な記号であるが、百貨店のショー・ウィンドーのイメージ写真は斬新な消費記号と言えよう。とりわけ、ここで使わ

図版1-7　上海勝徳工場織物広告

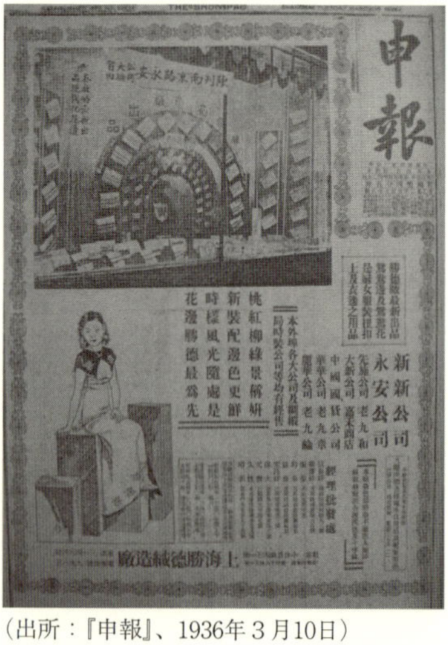

（出所：『申報』、1936年3月10日）

15　Whitaker（2006）、109頁。

れたのは、永安百貨店という名店のショー・ウィンドー写真であり、明らかに「永安」というブランドのもつ説得力が最大限に利用されている。

　ここでは、販売者と消費者の間に「仮想的消費行為」が発生していると考えられる。一般的な意味でのショー・ウィンドーによる消費促進機能としては、「それまで百貨店と無縁であった人々にとっては、どのようなものが店内で販売されているかを知る機会となり、人々の視覚と物欲を刺激するウインドー・ディスプレーの広告効果は、店舗と商品の双方にとって絶大であった」[16]と挙げられる。しかし、これは実際に百貨店を訪れ、ショー・ウィンドーに目を向けた人々のみに及ぶ効果である。図版1-7のような広告は、この効果の射程を拡大することができる。この際の相互作用は、時間／空間という要素において、非同時的に、不特定の場所で生じる。消費者はそれぞれの時間に、それぞれの場所でこの新聞広告を読む。消費者が広告を読んだ後百貨店へ行くかどうかについては、複数の可能性がある。しかし、広告のショー・ウィンドーの写真を通して、消費者は、一種の「仮想的な」消費行為を実現することができる。つまり、実際に百貨店を訪れてショー・ウィンドーを見なくても、広告で商品をチェックし、その雰囲気をリアルに体験できる。消費者は、自分の家にいながら、「四大百貨店」が集まる南京路の賑やかさを感じることができる。上野千鶴子は明治以来の日本の百貨店は、一貫して「文化のショウウィンドウ」としての役割を自覚的に果たしてきた[17]と述べたうえで、百貨店は商品を媒介として、人々にメッセージを送るという一種のメディアとしての機能を果たしたと論じている。しかし、上で分析した広告からみると、このメディア的機能は単に百貨店から消費者へメッセージを送る一方的なものではない。販売側と消費側の両方が広告などのメディアを介して、不特定の場所で相互作用を生起させていた。しかも、ショー・ウィンドーの実物の写真を用いた広告を通して、不特定の場所にいる人々の相互作用を呼

16　田島（1999）、255頁。
17　上野（1992）、183-184頁。

び起こすという、まったく新しいコミュニケーション形式自体、「先端的」なものであり、近代性の象徴と見なしてよいものである。

7、第1章のまとめ

　以上のように、本章は主に新聞に掲載された広告を用いて、1930年代上海の百貨店文化を、これまで先行研究には見られなかったコミュニケーション研究の視点から考察した。

　筆者はJohn Thompsonによる「三種類の相互作用」説を、百貨店という文化的消費空間を構成する諸要素（店員、消費者、広告など）の相互の関係を考察する際に必要な理論枠組みとして、メディアを介さない特定の場所で生じる対面的相互作用、メディアを介する特定の場所で生じる相互作用、メディアを介する不特定の場所で生じる相互作用という三種に構成し直し、それぞれの特徴を、具体例を通して分析した。分析の項目としては、時間／空間の構造、象徴的合図の範囲、行為決定の対象、会話的／独白的、身体的／仮想的などを取り上げた。

　近代上海の華麗なデパート・ガールは高級商品売り場の豪華な雰囲気を演出し、顧客に注目される。また、彼女たちの微笑みやジェスチャーは、新しいスタイルの店員と顧客の対面的相互作用を誘起した。また、近代上海の百貨店において、ファッション・ショーという消費的イベントは頻繁に行われた。ファッション・ショーを通して、販売側と消費者側の相互作用は近距離で実現する。消費者は、ファッション・ショーを鑑賞するとともに自身の消費行為を決定する。販売側は、消費者（観衆）の購買欲を高める一方、商品に対する消費者の反応を窺う。そして、広告に載せているショー・ウィンドーの写真を通して、消費者は「仮想的な」消費行為を実現した。

　Thompsonが繰り返し強調しているように、コミュニケーションあるいは相互作用の決まった形式はない。実際のテクストが所在する社会的文脈を踏まえて、新しい相互作用の図式を考案することが望まれる。本章では、近代上海の百貨店文化という環境において、筆者なりの「相互作用形式」の有効

性と射程を試みた。そして、メディアを介さない特定の場所で生じる対面的相互作用から、メディアを介する特定の場所で生じる相互作用、さらにメディアを介する不特定の場所で生じる相互作用へ移行するにつれ、第一の相互作用に不可欠な要素である言葉遣いや微笑み、ジェスチャーなどは、第二、第三のメディアを介する相互作用によって次第に重要なものではなくなる。さらに「仮想的」コミュニケーションに至ってはこれらの要素は脱落していくこととなるのである。無論、この三種類の相互作用からどれかが脱落するのではなく、むしろ同時に存在することが多い。しかし、このようなプロセスにおいて、メディアの影響によって、時間／空間の認識を拡大しながら出現してきたコミュニケーション形式の変化も、「近代性」を象徴するものではないか。このような考察を通して、広告に関する新しい研究手法の試みも行い、その可能性を検証した。

第2章　電話のある生活（モダン・ライフ）
― 近代上海メディアにおける電話表象から読み解く ―

1、はじめに

　20世紀初頭以降、上海市区、とりわけ共同租界並びにフランス租界において、道路・電気・水道・公共交通などの公共事業の整備が進んだ。これらの整備は、上海を近代都市化し、そこに暮らす人々のライフスタイルに大きな変化をもたらした。都市生活に関係するこれらの公共事業の状況について多くの研究が扱っている。一方で近代上海の電話に関する研究は少ない。[1]第2章は電話の出現が、大都市に暮らす人々の生活にどのような影響をもたらしたのかを、新聞や雑誌などのマス・メディアにおける電話の表象から読み解く試みである。

　初めに本章は、近代上海における電話の歴史状況（電話サービス提供の成立経緯・利用者数の変動、上海電話公司による電話サービスの自動化改良など）を概説する。次に、当時の複数の新聞や雑誌などのマス・メディアにおける電話表象[2]を取り上げる。テクノロジーの言説はたんにテクノロジーについて述べているのではない。当時、新しいメディアとして登場した電話は、その表象も創造されねばならなかった。まず、雑誌『東方雑誌』を資料として取り上げ、関係記事が電話を「新奇なメディア」としていかに表象したかを探る。さらに、雑誌『良友画報』及び英字新聞 The North China Daily News に掲載された上海電話公司の電話広告における電話表象の記号的意味（実用性・社交性・ローカル性・性別役割）に着目する。このような特殊性を示す電話表象から、当時の上海における電話サービスの様子と、そこにうかが

---

[1] 本章で扱う電話表象ではないが、忻（2009）のなかには、1930年代上海における電話の利用者数、通話回数などに関する簡単な記述がある。また、陳・鄒（2003）、及び潘（2009）などが挙げられる。
[2] 本章での電話表象とは、電話に関する説明的な文字型言説と図像的イメージの両方を含む。

われる近代的ライフスタイルのイメージを明らかにする。

詳しい歴史的考察に入る前に、本章で前提とする「近代性（modernity）」の概念を定義し、及び本章で取り上げる内容との関係を簡単に述べておく。近代性は少なくとも四種類の歴史的プロセスが連動して形成されてきたものであると考えられる。すなわち、政治的プロセス、経済的プロセス、社会的プロセス、文化的プロセスの四つである。これまで「近代性」に関する研究の多くは、政治的・経済的・社会的なプロセスからみるものが多い。中国研究という文脈から言えば、1990年代以降Lee（1999）を含む一部の研究者による近代中国都市文化研究が現われ、このような傾向を打開しつつあるが、いまだに近代中国のナショナリズムの形成に関わる研究が主流を占めていると言えよう。近代性研究について、政治体制と社会制度などの切り口から検討するのは無論大きな意味があるが、一般の人々に直接的に関係する日常における文化的な側面にも注意が必要である。そこで筆者は、文化的プロセス、とりわけメディアの視点から、極めて限定的な「近代性」概念を提起したい。すなわち、近代メディア（新聞や雑誌などの活字メディアと電報や電話などの電子メディア）の出現によって、人々の生活スタイルに生じ始めた変化を、日常的に経験された近代性の一部とみなす。この変化と経験には複数の側面がある。たとえば、本章で取り上げる電話に関する実用性・社交性・ローカル性・性別役割などの側面である。本章は、電話という当時のニュー・メディアの広告表象から、電話の出現によって国際都市上海に暮らす人々の生活スタイルに生じた変化と経験、いわゆる「電話のある生活」に焦点を当て、その具体像に近づこうとする。まず上海電話公司の歴史状況から見てみよう。

２、上海電話公司の歴史

1881年に英国の東洋電話会社の創設によって、近代上海の電話サービスが始まった。1900年に、Shanghai Mutual Telephone Co.が成立し、1924年には加入者が２万人を超えた。1930年に東洋電話会社は、米国のI.T.T.（Inter National Telephone & Telegraph Corporation）に売却され、「上海電話公

司(Shanghai Telephone Co.)」と改称され、その営業部は上海江西路232号に置かれた。上海電話公司は1930年に上海租界における独占権を獲得するにあたり、共同租界工部局並びにフランス租界工部局との間に協定を結び、40年間の独占権を得た。1930年代末期に出された調査報告から、その加入者数の増加が確認できる(資料2-1参照)。上海電話公司は、1932年に電話サービスシステムの自動式改良工事を行った。また、1936年3月1日から、電話料金徴収における度数制を導入した。資料2-1の中で、1937年の加入者数は45,495人となっているが、この年の8月に「第二次上海事変」が発生したため、一時的に減少へ転じたと見られる。ちなみに、1937年8月の第二次上海事変発生当時加入数は60,398人である。上海電話公司が提供しているサービスは、通常の通話サービス以外に、「テレプリンター、盗難警報機、時刻通知台、不在電話回答取扱」もある。設備の改善や料金制度の見直しなどを経て、上海電話公司のサービスは一層改善され、加入者数も増え続けた。上海の電話利用加入者の継続的増加は、北京の状況(資料2-2参照)と比べると、やはり突出していると言えよう。また上海では、上海電話公司のような外国資本による電話サービスの提供以外に、上海電話局による電話サービスも存在していたため、上海市の全利用者数は資料2-1で示す数字よりさらに膨らむはずである。

　1935年電話料金値上げの際、当時の上海電話公司の資産状況の調査が行われ、その結果が公開された(資料2-3参照)。また、1930年代中期の数年間にわたり、上海電話公司の収益が増え続けたことがわかる(資料2-4参照)。1930年以降の上海電話公司は、その持ち株をほとんどアメリカ人が所有していたため、会社の主要幹部もアメリカ人が占めた。ただし、上海電話公司の前身が英国資本であるという関係で英国人幹部も少なくない(資料2-5参照)。1937年時点で行った調査によると、会社の幹部層はほとんど米国人と英国人であり、全従業員900名の20%を占める。[3]

3　中国通信社調査部(1937)、76頁。

3、「新しい物」としての電話表象

　当時の人々にとって電話は、どのようなものであったか。電話は、その英語（telephone）の発音から、「德律風（でりーふぉん）」と訳された。最初、上海の人々は電話を娯楽道具の一つとして見ていたようだ。ある英国人のエンジニアは、1回36銭という値段で、好奇心のある人々に電話での会話を体験できるようにした[4]。ここでは、まず『東方雑誌』に掲載された関連記事から探ってみたい。『東方雑誌』は、1904年に上海で創刊され、1948年に終刊となった総合雑誌である。50年近くの間に、全44巻合計816号が発行され、近代中国史上最大の雑誌と言われている[5]。資料2-6は、1904年から1948年までの『東方雑誌』から抽出した「電話」に関する記事を、記事タイトル・掲載日・掲載号・内容分類順に整理した一覧表である。この表を作成するにあたり、『東方雑誌』の「無線電話」に関する記事が、はたして電話と関連性があるのかどうか、記事タイトルではなく、記述内容から判断した。当時の中国では「無線電話」という表現がよく使われていたが、これは今日でいう「ラジオ放送」のことであるため、今回の考察対象からは除外した。

　『東方雑誌』に掲載された記事から見れば、電話に関する記述はほとんどその発明にあたる経緯や技術面、及び教育面に関するものである。たとえば、電話の発明者であるアレクサンダー・ベルの生涯に関する長文記事がある。また、移動できる電話（車に設置されたもの）、映像伝達ができる電話など、電話を新奇な物として報じる例が多くみられる。このような記事は、電話という「モノ」の仕組みを解説したり、その発明の由来を語ったりしたが、電話の具体的な用途についてはあまり言及していない。Leo Ou-fan Leeが、『東方雑誌』に科学と技術に関する記事が1915年から1920年に渡って多くみられると指摘しているとおり[6]、これは『東方雑誌』の特徴の一つである。しかし、このような電話に関する言説は、決して「新奇な物」を紹介することにとど

4　陳・鄒（2003）、32頁。
5　『東方雑誌』については、洪（2006）を参照されたい。
6　Lee,（1999）、48頁。

まっていたわけではない。これらの言説は、新しい技術をめぐる開発や用途を読者に伝えるとともに、読者（消費者）に新奇なものに対する期待感を与えている。つまり、いままで触れたことのなかった電話だが、『東方雑誌』における記事（時には写真や挿絵付き）を通して、身近なものとなり、いつかは自分の生活の一部になるだろうという期待／憧れが生まれてくる。これは、のちの上海電話公司の宣伝作戦にもつながると考えられる。言い換えれば、1920年代までに『東方雑誌』などのマス・メディアによって徐々に広がってきた電話に関する認識は、人々の電話に対する期待感を高め、1930年代に入って始まった大規模な利用キャンペーンの土台となった。ここから、1930年代の上海電話公司の宣伝活動の詳細を見ていく。

　筆者が調べたところ、上海電話公司は1935年から大規模な広告宣伝戦略を打ち立て、複数の活字メディアに大量の広告を掲載している。その活字メディアの代表的なものに、雑誌『良友画報』と英字新聞 The North China Daily News がある。『良友画報』は1926年上海で創刊された大型グラビア雑誌であり、写真の多用と上質な印刷で知られている[7]。石川照子によると、『良友画報』は「上海のモダン文化の形成と流通の一翼を担う存在であった」[8]。それは、広告に電化製品や化粧品などの都市モダン生活に不可欠なアイテムを掲載し、上海の新しい階層として誕生した都市中間層にモダンな娯楽や情報を提供するメディアとして大きな役割を果たしたからである。『良友画報』の内容は、大量の写真に簡略な中国語と英語の記述を加えたものである。一方、The North China Daily News は1850年上海で創刊され、1951年まで発行された近代中国において最も影響力があった英字新聞である。これは全ページ英語で書かれた日刊新聞である。The North China Daily News の1日の発行部数は1931年2月の統計では7,817部に達しており、「ロンドンのタイムズ紙に匹敵」している[9]。このような2種類の異なるメディアに電話のシリー

---

[7]　『良友画報』については、Lee（1999）、村井（2007）、及び『アジア遊学』第103号の「特集『良友』画報とその時代」（2007）も参照されたい。
[8]　石川（2007）、31頁。
[9]　郭（1993）、205頁。

ズ広告を掲載したことから、上海に暮らす中国人（とりわけ中間層）・外国人顧客の両方をターゲットにしようとする上海電話公司の戦略が推測できる。次に、この二つの活字メディアに掲載された上海電話公司の広告の一部を分析する。

4、広告における電話表象

　上海電話公司の広告は２種類の電話の利用方法を推奨する。一つはビジネス活動における実用的利用であり、他方は日常生活における社交的利用である。これは、電話の発祥地である近代アメリカの電話販売戦略と同じものだ。アメリカの電話販売員は、電話によって仕事の効率が増し、時間を節約でき、顧客に強い印象を与えることができると力説した[10]。アメリカの電話販売と類似しているように、上海電話公司の広告は、「9409番までお電話下さい。我社のすべての職員がお客様に誠実なサービスを提供いたします」と一文を添え、契約の窓口を示している。

　資料2-7は、『良友画報』に掲載された上海電話公司のすべての広告の一覧であり、なかには同じ広告を掲載したケースが２回見られる。一方、英字新聞 The North China Daily News においては、同一の広告が数回にわたって繰り返し掲載される場合が多いため、資料2-8の一覧では、掲載されたすべての電話広告を日付順で示してはいない。

　雑誌『良友画報』も英字新聞 The North China Daily News も、電話の実用性と社交性をアピールしていることが見て取れる。このアピールには「時間／空間」的要素が含まれる。そもそも、「電話＝テレフォン」の語は、ギリシア語の"tele"（遠い）と"phone"（音）の合成語で、1830年代頃から大音響などの音を出すさまざまな仕掛けの呼び名であった。つまりテレフォンは、「遠隔地の音を聞く」、あるいは、テクノロジーの助けなしでは肉声として届くはずのない「声」を現前化する装置である[11]。つまり電話の原理には、

10　フィッシャー（2000）、87頁。
11　加藤（2001）、50頁。

「時間／空間」という要素が含まれる。電話を利用すると、時間を節約できる。遠方に出かけなくても用が足せる。悪天候でも電話で用事を済ませられる。買い物も電話で注文すれば手間もかからない。このようなさまざまな電話利用によって生まれる利便性は、人々の日常生活の様々な局面に大きな変化をもたらす。なぜなら、時間の短縮は生活のリズムを変えるだけでなく、人間の暮らしのテンポも加速させるからである。ここで、アンソニー・ギデンズのモダニティー論における二つの概念を想起したい。すなわち「時空間の分離」（time-space separation）と「剥離」（disembedding）である[12]。ギデンズによると、前近代社会においては、人々の生活のなかで時間と空間は密接に結びついていた。たとえば、昼夜の交代や季節の変化という自然現象は、前近代社会の人々に、彼ら固有の生活リズムを形成させていた。しかし、時計、カレンダー、時刻表、地図などによって、時間が空間から分離しただけではなく、時間と空間から、その土地で営まれていた生活の実質が抜き取られた結果、それらが空虚化してしまった。ギデンズは、この時空間が空虚化するプロセスを「剥離」（disembedding）と命名する。即ち、「剥離」とは、社会関係を地域的文脈から取り外し、特定されない時空間の広がりに拡大して再出現させることである。ギデンズが提示した「剥離」は、近代メディアの登場によって促進された現象である。ここで取り上げる電話利用による人々の日常生活の変化は、その一部と見なすことができるだろう。近代以前の社会の人々にとって、日常生活における活動は特定の場所に限定されることが多かったが、近代の交通手段の発達と通信手段の発達、とりわけ後者の場合は電話の出現によって、場所に縛り付けられていた人々の生活は、より空間的に拡がる形での営みが促進されるようになる。そのことは特定の場所と緊密に結びついていた形での時間の過ごし方にも変化を及ぼす。これこそ、近代的生活（モダン・ライフ）の特徴の一つであった[13]。次に、電話表象にあらわれたロー

---

12 Giddens（1990）、16-20頁；Giddens（1991）、17-18頁をそれぞれ参照。
13 ほかに「時間」という視点から近代上海社会を考察したものとして、Yeh（2007）の第4章が挙げられる。そこでYehは、近代上海の銀行職員の労働について考察した際に「時計」との関係を指摘している。また、Lee（1999）の第2章では中国の「月份牌」（calendarposters）を取り上げ、そこに西洋暦と中国歴が併記された点（左側に1930年、右側に中華民国19年）に注目している。

カル性と性別役割の具体例を取り上げる。

5、電話表象にみられるローカル性

電話は、西洋からの新しい舶来品として中国に輸入された。当時の中国人たちにとって、電話はこれまで接したことのない新奇な物であった。新奇なものが与える抵抗感を薄めるため、上海電話公司は、広告の仕方にさらに工夫を加えた。その方法は、電話広告のなかに伝統中国の思想や社会慣習などの要素を取り入れ、現地の人々に親しみやすいようにすることであった。すなわち、舶来品の電話をローカル化（地域化／中国化）することである[14]。ここでは、二つの広告例を見る。

図版2-1

（出所：『良友画報』第113号、1936年1月15日）

---

14 ここで使う「ローカル化」とは、英単語のlocalizationの訳である。Localizationは、『ブリタニカ国際大百科事典』において「現地化」と邦訳されており、「多国籍企業が各国の現地法人をそれぞれの地域的特質に対応した方法で運営すること」と解釈されている。「ローカル化」と同一視されやすい表現として、「土着化」が挙げられる。しかし、筆者は両者を以下のように区別して使い分ける。つまり、土着化（indigenization）という表現は、その語源であるindigeneが示している意味「土着人・原住民・先住民」（『研究社リーダーズ英和辞典』、『研究社新英和大辞典』より）から、受け入れられる側（主体は複数で特定しない）の働き掛けが前提となっている。それに対して、ローカル化（localization）は送り込む側（主体は特定）の働き掛けが前提にある。ここでは、アメリカ資本の上海電話公司という特定の企業による意図的なマーケティング活動によって生み出した広告を対象としているため、「土着化」より「ローカル化」という表現を用いる。また、（中国研究分野の）先行研究をみると、「土着化」という視点（方法論）を用いたもののなかでは、近代中国における宗教及び華僑に関する研究が多いことは分かる。たとえば、山本（1972）・岩崎（1997）・宮原（2004）・村上（2005）・徐（2006）などが挙げられる。一方、ここでは「1930年代の上海」をすでにグローバル化された社会と看做し、「グローバル化（globalization）」という表現を強く意識している。したがって、上記の「土着化」に関する各先行研究と区別するためにも、「ローカル化（localization）」という表現を用いる。

図版2-1の右下には、二人の男の子が会話している様子が描かれている。一人が「君のお母さんは本当に嫌な人だ。またうちにうまい汁を吸い来たよ」と呟く。そして左上の絵では、一人の女性が電話をしており、その隣にもう一人の女性がいて、不満そうな表情を浮かべながら電話の終わるのを待っている。左下の解説文によると、自分の家に電話機を設置すれば、頻繁に隣家に電話を借りる必要がなくなる。そうすると、人に嫌がられたり、陰で悪口を言われたりすることもなくなる。この広告は、中国社会の重要な行動規範である「面子」について訴えている。「面子」に関しては、魯迅や林語堂など多くの中国知識人だけでなく、古くから中国を知る外国人にも注目されてきた[15]。早くはアメリカ人宣教士Arthur. H. Smithが1894年にその著書の第1章で「面子」は中国社会理解の鍵だとして言及している。また、Carl Crowもその著書のなかで、自らの体験を述べながら中国社会でのビジネスは「面子」に対する理解が不可欠と説いている[16]。さらに、1940年代以降、社会心理学の視点から「面子」と中国人の社会行動との関係を分析した研究も現れた[17]。中国では、面子を立てるというのは、誰かが人前で恥をかくことのないよう配慮するという意味である。人の面子を潰さないよう、人前では他人に対する不満や意見などは明言しない。しかし、「童言無忌」という中国の四字熟語が示すように、子供は正直者で物言いに遠慮がない。この広告では、母親同士の間での電話借用によって発生した人間関係の問題が、子供のやりとりの中に現れる。この広告は、中国社会の日常生活でよく目にするシーンを再現している。人々にとって分かりやすいだけでなく、ユーモアにも溢れ、人々の目を引く。この広告は、自分の家に電話を設置すれば、自分の面子を守り、人間関係を損ねることもないというメッセージを発信しながら、電話契約を

15　魯迅は、中国人の生活においてよく「面子」を耳にするが、きちんと考える人が多くないと指摘している。『魯迅全集』(2005版) 第六巻130頁を参照。林語堂は、中国社会行動の三原則として、「面子・運命・恩恵」が挙げられると述べる。林 (1994) 199頁を参照。
16　Smith (1894)、16頁；Crow (1937)、199頁をそれぞれ参照。
17　たとえば代表的なものとして、Hu (1944) やHwang (1987) を挙げられる。特に、後者では「面子」意識によって現れる特殊な社会行動規範が中国独特な儒教文化と緊密な関係をもつと指摘している。

促進しようとしているのである。次の例にもローカル化の工夫が見られる。

図版2-2

（出所：『良友画報』第117号、1936年6月15日）

　図版2-2の上部では、3人が麻雀ゲームをしているが、少し困ったような様子が描かれている。その上に「三缺一不成局（3人だけでは一局とならず）」という一行の文字がある。麻雀ゲームの基本ルールは、4人で遊ぶことである。なぜ、この状況が生じたか。なかなか来ない一人を待っている途中なのか、ゲーム途中で一人が抜けた穴を埋める者がいないのか、4人のプレーヤーは揃っているが一人が一時的に席を外してなかなか戻ってこないのか。いずれにしても、この広告は「ゲームの相手が足りないため、皆いらいらしている」という麻雀ゲームの一場面を再現し、こういう時に電話があれば、すぐゲームの相手が見つけられ、問題を解決できることを示唆している。中国社会の代表的なレジャーとして、麻雀ゲームをする人は多い[18]。このような身近な素材を取り入れた広告は、生活の中で電話に対する距離感を縮める効果をもたらすだろう。言い換えれば、電話という西洋からの舶来品を「中国化」す

18　中国（人）社会における麻雀ゲームに関する研究として、Oxfeld（1993）が挙げられる。

る手法／戦略である。

　一方、上海には多くの外国人が住んでいた。この階層も当然、電話機販売の大きなマーケットである。これを狙った広告作りもしばしば見られる。たとえば次の広告を見てみよう。

（出所：*The North China Daily News*、1936年1月4日）

（出所：*The North China Daily News*、1936年1月7日）

　図版2-3の広告は、1936年新年早々に掲載されたものである。広告のイラストでは一人の小さな男の子が左手で大きな鎌を持ち、右手を振って挨拶している。その後ろには朝日が昇りつつある。男の子の足元には電話と砂時計が置かれている。そして、英文の文章は、新年をきっかけにチャレンジを始めようと呼びかける。また同時に、電話を利用して時間の無駄をなくそうと語りかける。この広告では、西洋のいくつかの伝統的図像が用いられている。男の子と太陽の光は、新生／成長／未来の意味を含んでおり、要するに「新年」を象徴している。一方、鎌と砂時計は、西洋において伝統的に死や時間

を暗示する図像である[19]。鎌と砂時計の登場は、図版2-4の広告にも見られる。これらの広告のスタイル全体は、明らかに西洋的である。この種の広告が伝える意味は、当時の一般の中国人にはわかりにくかったかもしれない。しかし、1930年代の上海には多くの外国人が住んでいた事実[20]を考慮すれば、このような広告の出現も驚くことではないはずだ。中国人の消費者層だけでなく、上海に在住する多くの外国人も重要なマーケットと想定された。これは、上海という中国国内都市における国際性（人種や民族の雑種性）の反映だ。

6、電話表象で見られる性別役割

　上海電話公司の広告に見られたローカル性について論じてきたが、次に電話広告にみられる性別役割を取り上げる。以下の広告を見てみよう。

図版2-5

（出所：*The North China Daily News*、1935年6月13日）

図版2-6

（出所：*The North China Daily News*、1935年9月13日）

19　Hall（1974）、94頁と119頁をそれぞれ参照。
20　近代上海の外国人に関する研究は少なくない。たとえば、Bickers&Henriot（2000）、Wei（1990）、榎本（2009）などが挙げられる。

図版2-5の広告は、職場での電話需要を訴えている。イラストの背景はオフィスの一室のようである。スーツ姿の男性4人の不安そうな顔の表情から、仕事の緊張感が伝わる。図版2-6では、スーツ姿の男性が電話帳を調べながら仕事をする様子が描かれている。このように、ビジネスにおける電話の必要性や便利性に関係する広告では、たいてい男性が登場する。この事例以外では、英字新聞 The North China Daily News の掲載広告に関わる表4sの18番、23番、25番などが当てはまる。では、女性が電話を利用する場合は、どのような文脈のなかで表象されているだろうか。

図版2-7 図版2-8

（出所：The North China Daily News、1935年7月2日）　（出所：『良友画報』第123号、1936年12月15日）

　図版2-7の広告では、一人の女性がソファーに座って電話でおしゃべりしている様子が描かれている。顔の表情と姿勢から、リラックスした優雅な様子が読み取れる。彼女の後ろにある窓越しには、雨が降っているのが分かる。そして、キャプションには、雨天という自然状況を変えることができないが、電話があればいつでもどこでもおしゃべりができると書かれている。この広告のポイントは、電話のおかげで、悪天候の日でも、外出することなく家でゆっ

たりと会話を楽しめるということである。この広告の大部分は女性の姿で占められ、ほかに大きな高級ソファー、サイドテーブル、絨毯、カーテンが描かれている。これらは、このイラストの全体の雰囲気を作り出し、この女性は豪華な邸宅で優雅な上流生活送っていることを暗示している。一方、図版2-8は、「主婦と電話」をテーマにした広告である。この広告では、一部の主婦が電話料金を気にしてなるべく掛けないようにするケースが取り上げられている。しかし、時間と手間を省く電話を使わないのはもったいないと説明したうえで、「請聡明的主婦們在這一点着想（賢い主婦の皆さん、よく考えて下さい）」と訴えかける。

　ここで注目すべき点は、広告イメージによって、電話がジェンダー化されているという点である。中国や日本などの東アジア国では、昔から「男尊女卑」の思想が社会に浸透している。封建制度が崩壊した後の近代になっても、「男は外、女は内」という図式は変わることがない。近代の電話表象においても、性別役割は、「男はオフィスでビジネス、女は家庭で社交」という同じ図式に固定されている。本章で扱った上海電話公司の広告では、男性がビジネス活動で電話を多用する一方で、女性は電話を使って買い物する、会話を楽しむ、というようにジェンダー役割が区別される。すなわちここには、性別によって異なる電話の利用方法が説かれている。このような現象は、1920年前後のアメリカでもあったようだ。フィッシャーの研究によると、1920年代前後のアメリカの都市では、2種類の電話利用法があった。その一つは男性にとっての事業経営における利用であり、もう一つが女性（主婦）にとっての家事の切り盛りにおける利用である[21]。『東方雑誌』における言説から分かるように、電話は最初、単に「新奇な物」として表象されただけだが、1930年代以降の大規模な広告宣伝によってジェンダー化する傾向がみられる。近代上海の電話広告も、当時の中国社会のステレオタイプ的な性別役割に沿う形で作られたのである。このようにして、電話は社会におけるジェンダーを構築する道

21　フィッシャー（2000）、92頁。

具の一つとなった。

7、第2章のまとめ

　本章は、雑誌『東方雑誌』と『良友画報』、そして英字新聞 *The North China aily News* に掲載された関係記事と広告を対象に、電話表象の記号的意味（技術性・実用性・社交性・ローカル性・性別役割）を浮かび上がらせようとした。総合雑誌である『東方雑誌』では、電話の発明やその技術を主に扱った言説が見られた。それに対して、『良友画報』、そして *The North China Daily News* に掲載された電話広告は、イラストを多用したバラエティーに富むものであった。『東方雑誌』で電話の基礎知識を得た人々は、次に、上海電話公司の宣伝広告を通して、その実生活での諸用途と利便性を知った（あるいは新知識として教え込まれた）と推測される。とくに、『良友画報』に掲載された広告は、多くのイラストを用いて中国社会における身近な場面をさまざまに再現し、たとえ文字があまり読めない人でも理解しやすかったのではないか。国際都市上海に住む外国人たちも、英字新聞が展開した大規模広告宣伝の重要なターゲットであった。このような3種類のマス・メディアにおける電話表象は、異なる消費者層に対して段階的に、電話のイメージを浸透させたと言えよう。

　本章では、ニュー・メディアとしての電話が創り出したモダン・ライフをテーマとして掲げていた。前述したように、近代性（modernity）を考える時、政治体制や経済・社会制度という側面から着手する研究は多い。また、自動車・電気製品・高層ビルなど象徴的なモノから見るケースも少なくない。しかし、近代の社会と人々に電話が及ぼした影響を考える場合、新奇なテクノロジーの利用という点を超えて、コミュニケーション様式と生活スタイルにも目を向ける必要がある。電話広告は、商品としての電話（及びそのサービス）を所有・利用することによって得られる利便性を説くだけでなく、「電話のある生活」が社会的な成功へと導く条件であり、快適で品位ある社交生活へと導く条件でもあると訴えている。電話の表象は、メディアによって伝

えられた／創られたイメージであるが、人々に使い方を提案し、人々の「想像」に働きかける[22]。『東方雑誌』における電話の発明や技術に関する言説は、人々の「新奇な物」に対する関心を集め、電話に対する期待感を高めた。『良友画報』と The North China Daily News に掲載された大量の電話広告は、電話が当時の他の最新電化製品と並んで、モダン・ライフに不可欠なアイテムであることを積極的に説いている。本章の冒頭で述べたように、メディアの出現によって人々の生活スタイルに生じ始めた変化を、日常的に経験された近代性とみなせば、このような近代性は、大量の表象によって確立されていったものである。

【資料】

資料2-1　上海の電話加入者数の変化

年	加入者数（単位：人）
1900	360
1905	1,764
1910	3,396
1915	5,497
1920	10,302
1925	21,552
1930	33,610
1933	49,460
1934	54,861
1935	51,190
1936	56,020
1937	45,495
1938	63,355

出所：興亜院華中連絡部（1939）「上海電話会社の概況」『興亜華中資料第60号　中調聯交資料第2号』に基づき、筆者作成。しかし現時点筆者が資料不足のため、加入者の具体的な状況（たとえば、業務用加入者と住宅用加入者の割合、国籍ごとの加入者数など）について把握していない。

22　ジュディス・ウィリアムスンは、ジャック・ラカンの「鏡像段階論」を用いて、イデオロギー装置としての広告の「想像界」と「象徴界」を論じている。ウィリアムスン（1985）、150頁を参照。

資料2-2　北京の電話加入者数の変化

年	加入者数（単位：人）
1905	583
1907	1,363
1911	2,127
1919	7,500
1921	10,211
1923	12,834
1926	13,964
1928	12,152
1929	11,105
1930	10,780
1932	12,024

出所：北京市地方志編纂委員会（2003）『北京志・市政巻・電信志』に基づき、筆者作成。

資料2-3　上海電話公司の資産状況（1934年12月末日）

内枠	額（単位：弗）
土地	2,171,363
建物	3,206,198
局内設備	17,848,247
加入者宅内設備	5,894,775
外線設備	11,188,299
物品工具	469,232
進行中の拡張工事	139,292
雑資産	30,811
投下資本全額	40,948,215

出所：興亜院技術部（1939）「上海電話会社の概況」『興技調査資料第21号』に基づき、筆者作成。

資料2-4　上海電話公司の収益状況（1934－1938）

年	収益（単位：弗）	純益（単位：弗）
1934	2,241,157	497,789
1935	2,446,262	430,789
1936	2,180,709	577,013
1937	2,431,654	927,995
1938	2,467,306	948,199

出所：興亜院技術部（1939）「上海電話会社の概況」『興技調査資料第21号』に基づき、筆者作成。

資料2-5　上海電話公司の要職担当者

肩書	氏名	国籍
副総裁	L. A. Fritchman	米国
総支配人	C. W. Pater	英国
董事	James. E. Fullam W. H. Tan	英国 中国人の大株主
会議検査役	C. D. Longhurst	英国
営業部監督	K. W. Gahnstone	英国
技術部長	G. H. Wilson	英国
運輸部長	K. Rathe	英国

出所：中国通信社調査部（1937）「上海電話会社の検討」『中通資料第63号』に基づき、筆者作成。

資料2-6　『東方雑誌』における電話関連記事

番号	タイトル	掲載日、掲載号	内容分類
1	万国無線電信協約	1907年9月2日、第4巻第7号	電信条約
2	単線電話之新発明	1911年5月23日、第8巻第3号	電信技術
3	電話験病術	1911年11月15日、第8巻第9号	新発明
4	電話售物法	1913年6月1日、第9巻第12号	電話利用法
5	電信条例	1915年5月10日、第12巻第5号	電信条例
6	世界距離最長之電話	1915年11月10日、第12巻第11号	電信技術
7	電話発明家倍爾伝	1917年8月15日、第14巻第8号	技術史
8	電報発明家莫爾斯	1918年6月15日、第15巻第6号	技術史
9	中国之電話事業	1919年6月15日、第16巻第6号	電話事業
10	自動車上之無線電話	1920年3月10日、第17巻第5号	電信技術
11	利用光線之電話	1920年3月25日、第17巻第6号	電信技術
12	杜絶喧声之電話機	1920年5月25日、第17巻第10号	電信技術
13	無線徳律風之又一式	1920年11月25日、第17巻第22号	電信技術
14	由徳律風伝達影像之新発明	1920年12月10日、第17巻第23号	電信技術
15	電話線鳴声與気候之予測	1921年4月10日、第18巻第7号	電話利用法
16	電書與電相之新発明	1924年7月10日、第21巻第13号	電信技術
17	国音電報成功記	1926年1月25日、第23巻第2号	電信技術
18	国音電報新法	1930年4月25日、第27巻第8号	電信技術

出所：『東方雑誌』（1904-1948）に基づき、筆者作成。

資料2-7　『良友画報』に掲載された上海電話公司広告一覧

番号	見出し／キャッチ・フレーズ	掲載日、掲載号	要点
1	您的朋友對於您的電話很看重的	1935年2月15日、第102号	電話の価値
2	我們裝有電話、您呢？	1935年5月15日、第105号	電話を設置しよう
3	府上裝有電話、節省多過租費	1935年8月15日、第108号	電話の価値
4	聖誕節快到了	1935年12月15日、第112号	クリスマスギフトとしての電話
5	你媽媽真討厭又来揩油了	1936年1月15日、第113号	他人の電話を借りることで恥をかく
6	討厭！又来借打電話了	1936年2月15日、第114号	他人の電話を借りることで恥をかく
7	討厭！又来借打電話了（第114号と同じ広告掲載）	1936年4月15日、第115号	他人の電話を借りることで恥をかく
8	人家暗里揺頭你知道麼？	1936年5月15日、第116号	電話を借りることで人に嫌われる
9	三缺一不成局	1936年6月15日、第117号	麻雀ゲームにも電話が役に立つ
10	打了電話難事即可解決了	1936年7月15日、第118号	悩む時に電話が役に立つ
11	等人最討厭、有了電話立刻可以解決	1936年8月15日、第119号	待ち合わせに電話が役に立つ
12	電話購貨、迅速経済	1936年9月15日、第120号	電話で買い物が便利
13	等人最討厭、有了電話立刻可以解決（第119号と同じ広告掲載）	1936年10月15日、第121号	待ち合わせに電話が役に立つ
14	電話、節省時間・金銭・煩悩、越用得多越合算	1936年11月15日、第122号	電話の諸用途
15	家中常打電話、多省無形金銭	1936年12月15日、第123号	電話を使えば大きな節約
16	有事電話打、冬雪不覚寒	1937年1月15日、第124号	悪天候の際、電話が役に立つ
17	何必冒風雪、電話挙手労	1937年2月15日、第125号	悪天候の際、電話が役に立つ
18	電話替你很迅速舒適的解決一切事情	1937年3月15日、第126号	電話の諸用途
19	先打電話就可免除失望	1937年4月15日、第127号	友人を訪ねる前の電話確認
20	利用電話、省時省銭、免除煩悩	1937年5月15日、第128号	電話の諸用途

| 21 | 装了電話、風雨無阻 | 1937年6月15日、第129号 | 悪天候の際、電話が役に立つ |
| 22 | 装了電話、幸福無窮 | 1937年7月15日、第130号 | 電話があれば幸せに暮らせる |

出所:『良友画報』(1926-1945)に基づき、筆者作成。

資料2-8　英字新聞The North China Daily Newsに掲載された上海電話公司広告一覧

番号	見出し／キャッチ・フレーズ	掲載日	要点
1	Your telephone is a sound investment.	1935年5月7日／5月14日／6月18日／6月25日	ビジネスにおける電話の利便性
2	The greatest timesaver in the world.	1935年5月21日／5月28日	電話が時間の節約を可能にする
3	Notice to telephone subscribers.	1935年6月8日	電話利用者へのお知らせ
4	If the telephone were not there.	1935年6月13日	ビジネスにおける電話の利便性
5	Can you change the weather? No, but…	1935年7月2日	悪天候の際、電話が役に立つ
6	Bring the telephone into your home.	1935年7月9日	電話があれば幸せに暮らせる
7	It costs less to have a telephone in your home、than to try to get along without it.	1935年7月16日	電話を使えば大きな節約
8	The lowest-cost messenger in your home.	1935年7月23日	メッセンジャーとしての電話
9	A telephone in your home saves more than it costs.	1935年7月30日	電話を使えば大きな節約
10	Subscribers know the value of the telephone.	1935年8月13日	電話の価値
11	It does so much and costs so little.	1935年8月20日	電話の諸用途
12	Count the advantages of a telephone.	1935年8月27日	電話の諸用途
13	Use it to stimulate business.	1935年9月3日	ビジネスにおける電話の利便性
14	Invitations by telephone, do you receive them? The new directory goes to press soon.	1935年9月9日／9月29日	新しい電話帳の発行に合わせて加入しよう

15	Open wide、this door to business. New directory going to press.	1935年9月13日	新しい電話帳の発行に合わせて加入しよう
16	For better business, this winter Have complete directory listings.	1935年9月17日/9月24日	新しい電話帳の発行に合わせて加入しよう
17	Going to press. To make sure you are listed…Order telephone service now！	1935年9月20日/10月9日	新しい電話帳の発行に合わせて加入しよう
18	Open wide, this door to business. New directory goes to press October 15.（9月13日とは異なる）	1935年10月3日	新しい電話帳の発行に合わせて加入しよう
19	For better business, this winter. The winter directory closes October 15.（9月13日とは異なる）	1935年10月12日	新しい電話帳の発行に合わせて加入しよう
20	Closing tomorrow. To make sure you are listed…Order telephone service now！	1935年10月14日	新しい電話帳の発行に合わせて加入しよう
21	Closing today. To make sure you are listed…Order telephone service now！	1935年10月15日	新しい電話帳の発行に合わせて加入しよう
22	Value	1935年10月21日	電話の価値
23	Speed	1935年10月28日	電話がもたらすスピード
24	Saving	1935年11月4日	電話が時間の節約を可能にする
25	Worth	1935年11月11日	電話の価値
26	Three telephone developments new to Shanghai's telephone network are being displayed in booth 41	1935年11月18日	電話販売情報
27	Safeguard	1935年11月26日	電話のセキュリティー機能
28	Christmas only 3 weeks away！	1935年12月3日	クリスマスギフトとしての電話
29	Telephone in color, the talk of the town	1935年12月10日	クリスマスギフトとしての電話

30	A new beautiful and practical Christmas gift…	1935年12月17日 ／12月24日	クリスマスギフトとしての電話
31	Time is fleeting	1935年12月31日	電話が時間の節約を可能にする
32	The challenge of '36	1936年1月4日	電話が時間の節約を可能にする
33	Is your time worth saving	1936年1月7日	電話が時間の節約を可能にする
34	Wings to your words	1936年1月14日	電話の諸用途
35	Take the bridge…It's quicker	1936年1月21日	電話の諸用途
36	It safeguards your home	1936年1月28日	電話のセキュリティー機能

出所：The North China Daily News（1935-1936）に基づき、筆者作成。

第3章　動員の場としての百貨店
―1930年代東京の百貨店広告―

1、はじめに

　すでに第1章で言及したように、近代日本の百貨店に関する先行研究は数多くある。本章との関係においては、とくに難波功士による研究が重要である。難波は戦時期（太平洋戦争期を中心に）における百貨店の国策展覧会に注目し、その展覧会のコンテンツが国策プロパガンダに傾斜していったプロセスについて考察を行っている。近代日本において、一体どのような百貨店広告があったのか。スーパー・マーケットやコンビニエンス・ストアがない当時において、都市住民の日常生活と百貨店はどのような関係にあったのか。そして、とりわけ1930年代後半において百貨店広告と戦争にはどのような関係があって、新聞広告はどのような働きをしたのか。このような疑問を解決すべく、第3章では先行研究を踏まえながら、考察範囲を一定の時期（1938年8月の1ヶ月間を中心に）、一定の地域（東京の百貨店）に限定し、新聞に掲載された百貨店広告の具体例を取り上げながら、より鮮明に百貨店像を描き出す。本章は、言わば戦争期日本の百貨店の〈具体像〉を問題化したものである。

　1930年代の新聞広告について、八巻俊雄は次のように概説している。震災（関東大震災）後低迷を続けた新聞の総広告行数は、1933年辺りから経済の復興と共に上向き始めた。（中略）1932年までは増減を見せた全国新聞広告量は1936年2億5,705万行に達し、太平洋戦争前における最高を記録した。広告面が記事面より多くなり、広告収入は販売収入とほとんど変わらぬまでになった。（中略）国家総動員法にもとづく1県1紙原則の下、日刊紙は55紙とな

り、広告スペースも東京、大阪紙で26％に縮小した[1]。本章で８月の新聞における百貨店広告を対象として選んだ理由は、その時期の歴史と社会背景にある。1938年４月１日に「国家総動員法」は公布され、翌５月５日に施行された。法案の施行直後よりも、施行後３ヶ月あたりが法案による実際の新聞紙面での反映は明白であると考える。また、中元セールのある７月は、もっとも百貨店広告の頻度が高い月であるが、特定商品販売の広告内容が多いため、あえて７月という時期を避けた。

　成田龍一は、政治的で一般的な規準で考えられていた戦争（像）が異なった様相をみせてくる方法として、「地域」、「民衆」、「生活」の視点から問題提示することを挙げている[2]。すなわち、戦時においては、日常生活のなかに戦争的な要素が入り込んだため、一般民衆の日常生活から戦争を考えることができる。本章での考察対象である百貨店広告は、まさに当時一般民衆の日常生活の様々な側面を反映している鏡であり、縮図でもある。

２、1938年８月『東京朝日新聞』における百貨店広告の内容

　ここで史料として用いるのは、『東京朝日新聞』である。1930年代初頭の『報知新聞』について論じた佐藤卓巳は、「この時点で、『報知新聞』は、『東京朝日新聞』、『東京日日新聞』に続いて都下第３位の新聞であったが、『読売新聞』の猛追に晒されていた」[3]と述べている。筆者が各新聞社史を調べたところ、1938年『東京朝日新聞』の発行部数は990,530部、『東京日日新聞』は1,145,880部、『読売新聞』は1,021,968部である。ここでは、発行部数だけでなく、史料入手上の便宜から、『東京朝日新聞』を1938年における日本の代表的な新聞の一つとして考察対象にした。なお、ここで引用したすべての広告は『東京朝日新聞縮刷版』によるものである。1930年代の10年間の『東京朝日新聞』に目を通せば、百貨店広告がほぼ毎日のように紙面に登場している。ここで

1　八巻（1992）、143頁。
2　成田（2006）、X頁。
3　佐藤（2002）、290頁。

1938年8月という1ヶ月間の『東京朝日新聞』に掲載した百貨店広告を図表化し、まずその全体像をつかんでみたい。無論、一つの広告のなかには消費的或いは文化的要素が混在しているケースが多く、また同時にイデオロギー的な内容が巧みに潜む広告も少なくないから、ここでははっきりした分類作業は行わない。後にいくつかの広告例を具体的に取り上げる際の利便をはかるため、下記のように広告番号、掲載日、広告主、広告内容の順にまとめる。

番号	掲載日	広告主	広告内容
1	8月1日	三越	青年徒歩旅行展覧会
2	8月1日	高島屋	盛夏の実用品
3	8月1日	松屋	呉服雑貨実用品期末奉仕
4	8月1日	白木屋	和服再製　婦人子供服陳列会
5	8月1日	白木屋	謹告　大棚ざらへ
6	8月2日	白木屋	大棚さらへ
7	8月3日	白木屋	実用呉服大棚さらへ
8	8月4日	松坂屋	夏物棚さらへ
9	8月5日	松坂屋	棚さらへ売出し
10	8月6日	白木屋	特売場の夏物値下げ
11	8月6日	松坂屋	棚さらへ最後の奉仕品
12	8月9日	松屋	皇軍慰問用品
13	8月10日	伊勢丹	防空用品
14	8月10日	白木屋	雑貨はんぱ物市
15	8月11日	松坂屋	白衣の天使感謝展
16	8月11日	高島屋	『皇軍慰問袋』御用承り
17	8月12日	高島屋	国防産業展覧会
18	8月13日	松坂屋	うすもの呉服　盛夏雑貨　残品一掃
19	8月13日	松坂屋	皇軍慰問品売場　防空用具売場
20	8月15日	松坂屋	夏物呉服雑貨残品一掃
21	8月19日	白木屋	戦線写真展
22	8月19日	松屋	日独伊防共少年軍展
23	8月19日	高島屋	ゆかた　夜具地
24	8月19日	三越	輝く国産人絹織物展覧会
25	8月20日	松坂屋	土曜日曜の奉仕
26	8月20日	三越	国民防空展覧会

27	8月22日	白木屋	特価均一品
28	8月22日	松坂屋	物の利用更生展懸賞作品募集
29	8月23日	三越	国民防空展覧会　輝く国産人絹織物展覧会
30	8月24日	高島屋	防空用品御用承り
31	8月24日	松坂屋	特売場の夏物大見切
32	8月25日	高島屋	国防産業展　真心の慰問袋を　防空用品の御用意を
33	8月25日	松屋	皇軍慰問用品　防護用品陳列
34	8月27日	伊勢丹	皇軍慰問品
35	8月27日	松坂屋	堅固で体裁よい防護団服各種
36	8月29日	松坂屋	荒物大会
37	8月29日	高島屋	東京府国防化学協会防空相談所開設
38	8月31日	白木屋	防空服と愛国国民服
39	8月31日	三越	九月の三越　三越の皇軍慰問品売場
40	8月31日	高島屋	呉服・雑貨持越品大見切　防空相談所　戦地へ毛布を

3、消費・文化・イデオロギー空間としての百貨店

　日本における百貨店の歴史は、江戸時代初期の老舗呉服屋までさかのぼる。その基本的な機能が「商の場」としての消費空間にあることは言うまでもない。そして、昭和初期に、百貨店は流行や文化の発信基地として都市生活にとって欠くことのできない存在になっていた[4]。上野千鶴子は明治以来の百貨店は、一貫して「文化のショウウィンドウ」としての役割を自覚的に果たしてきた[5]と述べたうえ、百貨店は商品を媒介として、人々にメッセージを送る[6]という機能について論じている。商品を媒介にして送られるメッセージには、商品という消費的な要素、美術展というような文化的な要素、さらにプロパガンダというイデオロギー的な要素が含まれている。1937年に日中戦争が勃発後、日本は長期的な戦争期に入った。渋谷重光は当時日本が長期戦を遂行するには、「一系乱れざる国論の統一があらねばならなかった。それには国民の意識をひとつの方向に縛りつける宣伝対策が、この上なく重要に

4　初田（1999）、261頁。
5　上野（1992）、183-184頁。
6　上野（1992）、204頁。

なってくる」[7]と述べている。こうなると、広告をはじめとするマス・メディアに対する国家からの干渉と圧力は次第に大きくなる。それはすなわち、「あれこれの理屈抜きで、自然に、なんとなく軍部に好感をもたせようとすることであろう」[8]。ここで考察する百貨店広告内容は、単純に商品のセール・キャンペーン情報（たとえば前出広告一覧の２番の「盛夏洋服大値下げ」）から、展示会案内（たとえば12番の「福田勝治写真個展」）、プロパガンダ宣伝（たとえば17番の「国防産業展覧会」）まで、実に多様である。中には政府（軍部）の動員運動に反映した広告は数多く見られる。次は、これらの百貨店広告から、「動員」というイデオロギー的な側面を中心に見てみたい。

４、百貨店広告における「動員」
(1)「動員」の歴史背景

1937年７月７日盧溝橋事件が起き、日中戦争の発端となった。同年９月12日に日本政府が閣議で「国民精神総動員実施要綱」を決定した。さらに10月12日には、運動の推進団体として、国民精神総動員中央連盟が結成された。北河賢三によると、国民精神総動員中央連盟は、国民精神総動員運動が民間からおこった自発的な運動であるかのような外観をもたせるためにつくられた組織だった。参加したのは、在郷軍人会などの軍人団体、愛国婦人会、国防婦人会などの婦人団体、大日本連合青年団・壮年団中央協会などの青壮年団体、全国神職会・仏教連合会をはじめとする教化団体など74団体で、その役員の多くは工場主・小売店主・地主・教員・神官・僧侶など地域の有力者だった[9]。翌1938年４月１日に「国家総動員法」は公布され、５月５日に施行された。北河賢三が述べているように、国民総動員法案は議会の権限を大幅に奪い、政府に白紙委任状をあたえるにひとしい法案であった。これに対して、政友会や民政党両党をはじめ、貴族院などからも批判の声があがった。しかし、

---

7 渋谷（1991）、165頁。
8 渋谷（1991）、167頁。
9 北河（1989）、9頁。

一貫して軍部に迎合して戦争を支持してきた政党は、政府と軍部の強硬姿勢に抗することができなかった[10]。また、1938年4月に灯火管制規則も公布され、「このころから物質の不足が顕著になり、人びとの暮らしはどんどん追いつめられていく」[11]。国民精神総動員運動は、政府の指示のもとに官僚機構や地域有力者を動員して、物資の欠乏に耐えられる生活態度を国民に身につけさせ、国策協力運動に参加させようとするものであった[12]。

しかし、秋元律郎は国民精神総動員運動が根本的に求めているのは「日本精神の発揚による「挙国一致」「尽忠報国」の念をいだき、非常時に協力せよということにある」[13]と説明しながら、その抽象性がまだ国民精神総動員運動の特色でもあったと指摘している。すなわち、挙国一致（国民が一体となって力を合わせる）や尽忠報国（天皇への忠義を尽くし国家に報いる）及び堅忍持久（いかなる困難にも耐え忍ぶ）という三つの合言葉からなる精神動員運動は一般国民に理解しにくいものであった。しかし、この三つの抽象的な意味の具体化は、当時の百貨店広告として世の中に現れた。次に、百貨店展覧会の広告、「和服更生」広告、「防空大演習」広告、そして「慰問袋」広告という四つから国民精神総動員運動の様子をみてみたい。

(2) 展覧会の広告

1938年8月の百貨店広告には、およそ10種類の展覧会の記載が見られる。一部を紹介しておこう。

まず、8月1日に掲載された「青年徒歩旅行展覧会」広告からは、日本橋三越で二つの会場を設けて展示していることがわかる。この展覧会の目的は「日本精神昂揚、堅忍持久の心身鍛錬を提唱する国民運動の趣旨を體し創始された青年徒歩旅行とは如何なるものか」を一般民衆に示すことである。そして

10　北河（1989）、20頁。
11　生瀬克己（2006）、158頁。
12　北河（1989）、10頁。
13　秋元（1974）、2～3頁。

会場では「友邦ドイツ・イタリーの青年運動を始め日本徒歩旅行運動の歴史沿革、活動状況等」が紹介され、「全国二十七コースの案内図、実地踏査の状況写真、社寺什宝、郷土偉人の遺品遺墨其の他参考品を陳列」している。「友邦ドイツ・イタリー」とは、1937年11月6日の日独伊三国防共協定締結をうけての表現である。この展覧会は当時の内務省、文部省、鉄道省、厚生省が後援した。井上祐子が指摘しているように「赤化の危機感を煽う、精神的な団結の必要性を自覚させ、同時に日中戦争の正当性を信じさせて、戦争協力に導くことが情報部の意図であったのではないだろうか」[14]。この広告のキャッチコピー「祖国認識・心身鍛錬」からも、徒歩旅行を通して国民の愛国精神を高揚させようという目的がうかがわれる。

次に、8月11日に掲載した「白衣の天使感謝展」をみてみよう。この展覧会は8月11日から20日まで上野松坂屋で行われ、期間中講演会と映画上映も予定されていた。展覧会の内容と展示方法などは「砲煙弾雨下に雄々しくも看護の赤誠を捧げて活躍する白衣の天使の尊き姿を始め、赤十字の使命・沿革等をパノラマ、ジオラマ、写真等各種参考材料により展観」となっている。これは日中戦争へ突入した日本軍の戦場での状況を反映する展覧会であるが、戦争の正当性を主張している宣伝であることは一目瞭然である。

最後にもう一つ、8月12日に掲載された「国防産業展覧会」広告をみてみよう。これは8月13日から27日まで日本橋高島屋で行った展覧会である。主催は読売新聞社と日本電報通信社だが、外務省、陸軍省、満州国通信社などが後援している。この広告は満州など当時日本の植民地にあたる地域を展示対象として、その重要性を強調する。満州は中国東北一帯を指す呼び方であるが、中国では一般に「東北」あるいは「東北三省」と呼ぶ。満州国については、中国ではその傀儡性を示すために「偽満州国」と表現している。ここでは、特に傀儡性あるいは正当性のどちらを強調しようとせず、「満州国」という表現をそのまま使う。広告は、「一目でわかる北支・蒙彊・満州の国

---

14 井上（2001）、88頁。

防資源；防共の使命と軍需資源―蒙彊はいかに重要か；二十ヶ年百万戸計画―満州移民の現状と大理想；北支資料の宝庫「大黄河」を語る・・・」のように、箇条書きで展覧会の内容を語る。

　以上の広告例は百貨店で行った展覧会のわずか一部に過ぎない。1930年代後半には、東京六大百貨店（三越、白木屋、松坂屋、高島屋、伊勢丹、松屋）では毎日のように様々な展覧会が行われていた。そのためこのようなプロパガンダとしての広告もたくさん作り出された。このような広告は、百貨店に集まる（或いは集められる）民衆を国民総動員運動へ参加するよう呼びかける動員の武器であったとも言えよう。

(3)「和服更生」広告

　図版3-1は、1938年8月1日に掲載された白木屋の広告である。広告の真中では一人の女性がワンピースの洋服を着て微笑んでいる。その右には大きく「和服再製、婦人子供服陳列会」というキャッチコピーが書かれている。さらに「時局の新工夫、着古しの和服がこんな立派な洋服に再製される」という宣伝文が付いている。また、「和服再製」について再製方法が分からない人のために、「会期中は特に洋裁家聯盟の方々が和服再製について種々御相談承ります」と安心させるような注釈も書かれている。

図版3-1

この広告は国民精神総動員運動の重要な内容を一つ反映している。すなわち、物資の不足がだんだん深刻になり、限られた物資を再利用して資源を節約するよう呼びかけが始まったのである。これと関連して、広告への取締りが本格化するのは、1938年夏である[15]。石田あゆうは、物資欠乏時代の雑誌における衣裳案内について論じる際に、雑誌内容の変化を次のように述べている。

　　たしかに、百貨店の商品広告を兼ねるような内容記事は見られなくなり、贅沢の象徴ともいえる九十円もする婦人服は姿を消す。それに代わって、流行の洋服を「購入」するための情報＝値段ではなく、「更生」するための情報＝仕立て方がやはり女性モデルを使って積極的に紹介されるようになるのである。（中略）これらは「古い和服のお召しを上手に生かし」て、婦人用のドレスやコートを作れるという点で、「時局向の更生服」であると紹介された。[16]

　上記の広告例はまさに同様の状況での産物である。百貨店で消費者の相談できる場まで設け、洋裁技術を教える。そして自分の手で古い和服を新しい「立派な」洋服のワンピースへと再製していく。これは、国民精神総動員運動の特徴の一つとして北河が「女性の動員が促進されたこと」[17]を挙げたように、国民精神総動員運動が一般家庭、特に主婦を中心とする女性消費者を相手にした象徴的な動員である。
　同時期に「更生」に関する展覧会も開かれた。その展覧会の出展作品を公募する広告もある。8月22日に掲載された「物の利用更生展懸賞作品募集」はその代表的な一つである。広告は、「戦時に順応する物資愛護の精神に則して生活必需品の利用更生を図り家庭経済力の自立に資するため一般より優秀斬新なる作品を募集」のように、展覧会開催及び作品募集の目的を語った。

15　井上（2001）、93頁。
16　石田（2003）、216頁。
17　北河（1989）、11頁。

公募の課題として、「廃物の利用、死蔵品の復活、破損品の再生、代用品の創案、その他」の五つが挙げられた。そして、展覧会の会場は銀座松坂屋で、国民精神総動員中央聯盟が主催し、商工省や大蔵省などが後援している。このような「懸賞」を通して、百貨店は「更生」の腕比べをする場所にもなった。

(4)「防空大演習」広告

　図版3-2は1938年8月31日に掲載された高島屋の広告である。秋元律郎によると、1936年夏、陸・海軍省から内務省に、防空に関する基本法をつくり、国民に必要な防空上の義務を負わすように正式に提案があった。そして、翌1937年3月議会に提出のはこびとなった「防空法」はその産物である[18]。

図版3-2

　この広告は一般商品の販売情報のほかに、「防空」と「慰問品」という二つのテーマが盛り込まれている。1938年8月の1ヶ月間の百貨店広告だけでも、「防空用品」、「防空・防火用品」、「防空用具売り場」、「国民防空展覧会」、「防空用品のご用意を」、「防空相談所開設」、「防空服と愛国国民服」など、様々な「防空」をテーマとした広告が10回以上掲載された。その内容としては、「防空時代に備えて、青年団、婦人会、町会、会社、工場等各団体及び御家庭用

18　秋元（1974）、202頁。

の防空用品万般に渉り各種取り揃えました」(8月19日の掲載広告)という商品宣伝から、「防空・防毒は非常時の国民常識!」という防空相談所へ問い合わせようと呼びかけるものまで多様である。また、防空用品として、懐中電灯、懐中電池、防空電球、電球カバー、バケツ、消火器、暗幕など、具体的に関連商品を挙げている。

1937年「防空法」は作られたものの、1938年時点では日本本土はまだ空襲されていない。どうして防空をテーマとした広告はそれほど頻繁に百貨店広告に登場していたのだろうか。井上祐子は防空というテーマであったからこそ具体性を盛り込みやすかったと指摘している[19]。すなわち、前述したように、国民精神総動員運動は抽象的で、一般民衆にとっては理解しがたいものであった。そこで、国民防空展覧会を開き、防空相談所を開設し、大演習を行い、これらの一連の活動を通して、一般民衆の日常生活のなかへ総動員運動を浸透させようとした。特に、防空相談のなかには「木造家屋の耐火的改造」のような市民生活と緊密な関係がある内容もあったから、こういた一連の活動は一般の人々に親しみやすかったと思われる。「護れ大空、帝都の空を」というスローガンは防空演習のサイレンと共に、人々の心にまで響いたに違いない。

(5)「慰問袋」広告

1938年以降の百貨店新聞広告を見ると、「皇軍へ慰問袋を」というような広告は数え切れないほど多い。ここで考察した1938年8月の広告のなかでも、「銃後の赤誠を第一線へ!」、「戦線の皇軍将士へ真心の慰問袋を」、「戦線の勇士へ」などのように頻繁にあらわれる。特に8月31日の高島屋の広告では、「日中酷熱で夜は肌寒い、戦線は夏からすぐ冬だ」と煽情的な言葉が書かれ、第一線へ送る慰問品として、雑貨や食料品、そして嗜好品などと一緒に毛布を送ろうと呼びかけている。

---

19 井上(2001)、98頁。

1938年以降、物資不足の影響で百貨店の売り上げも大きく減少した。若林宣は当時の三越をはじめ各百貨店が既成品の慰問袋を取り扱い、「戦争の拡大は、慰問袋をさらに売るための商機だったわけである。もっとも、物質不足のあおりで売るものが次第になくなっていくのだが」[20]と述べている。各百貨店が慰問品専門の売り場を作ったのも、消費低迷の戦時期に少しでも商品を売り出したいからであった。また、井上祐子は森永製菓広告について論じ、「森永だけでなく、この時期の新聞広告には、兵士や日の丸を使った図案や「健康」「銃後の備へ」「慰問袋に」といった文案をいれたものなど戦争に絡めたものが多くなり、全体としては戦時色が濃くなる」[21]と指摘している。要するに、「結局、国策を推進する側と百貨店側の思惑とが合致し」[22]、慰問袋の販売促進は消費市場における動員と国民精神総動員運動における動員の二重効果を果たしたのであった。

　百貨店広告のなかで、「慰問袋」はシンボル的な記号となっている。このほかにも、戦闘機や銃、「日の丸」と日章旗及びドイツとイタリのアファシズムの旗、さらに防空壕の模型や兵士像など、たくさんの戦争的記号があちこちに見られる。これらのすべては臨戦状態を人々に見せ、感じ取らせるよう構成された。

5、第3章のまとめ

　以上のように、本章では1938年8月の1ヶ月間の『東京朝日新聞』に掲載された百貨店広告を考察対象として取り上げた。これらの広告における展覧会広告、「和服更生」広告、「防空大演習」広告、「慰問袋」広告という様々なテーマの具体内容と表現方法を分析した。このような分析を通して、1938年から始まった国民精神総動員運動の様子をうかがうことができた。再び成田龍一の言葉を借りれば、「戦時において、生活意識と戦争認識があらわれ

20　若林（2008）、51頁。
21　井上（2001）、84頁。
22　難波（1998B）、99頁。

て来る局面も、さまざまに存在する。生活における振る舞いや態度、宗教や民俗、あるいはスローガンなど、微細な局面にその現象が入り込み、あらわれている」[23]。百貨店広告による1930年代の国民動員を明らかにする意義はこの点にある。

　本章では、一般民衆に対する百貨店広告というメディアにおける「上からの操作」あるいは「動員」について論じてきた。しかし、1930年代の「下からの抵抗」について触れていない。すなわち、上からの権力的な一面のみでは政治社会の動向を十分に説明したとは言えない。当時の各メディア、そして民衆の能動性を考慮する必要性もあるだろう。

23　成田（2006）、XI頁。

第4章　台所における国民総動員

―調味料広告に映った戦争記憶―

1、はじめに

　調味料、歯磨き、石鹸などの日常用品はわれわれの生活に欠かせないものである。当然ながら、これらの商品の広告も溢れている。しかしどのくらいの人が、かつてこのような生活用品の広告には「国策」が込められ、人々を動員させたことを記憶しているのか。戦後70年以上になる今日も、毎年8月には終戦記念イベントが行われるが、戦争の記憶は大分薄われてきている。筆者も戦争を知らない世代の一人であり、史料からその一端を覗くしかできない。その一側面として第4章では、1938年の『東京朝日新聞』[1]に掲載された調味料広告から、1930年代後期に始まった国民精神総動員運動について考えてみたい。

2、国民総動員は家庭へ

　ここで取上げるのは、「味の素」や「キッコーマン醤油」という調味料の広告である。本論に入る前に、国民総動員の歴史背景を振りかえてみよう。1937年7月7日の盧溝橋事件が起き、日中戦争の発端となった。同年9月12日に日本政府が閣議で「国民精神総動員実施要綱」を決定した。さらに10月12日には、運動の推進団体として、国民精神総動員中央連盟が結成された。翌1938年4月1日に「国家総動員法」は公布され、5月5日に施行された。北河賢三によると、国民精神総動員中央連盟は、国民精神総動員運動が民間

1　『朝日新聞社史　資料編』（朝日新聞社、1995）によると、1938年『東京朝日新聞』の発行部数は990,530部である。なお、本章で引用したすべての広告は『東京朝日新聞縮刷版』によるものであるため、以下掲載日のみ記す。引用には、一部旧漢字・旧仮名遣いを書き改めた箇所がある。

からおこった自発的な運動であるかのような外観をもたせるためにつくられた組織だった。参加したのは、在郷軍人会などの軍人団体、愛国婦人会、国防婦人会などの婦人団体、大日本連合青年団・壮年団中央協会などの青壮年団体、全国神職会・仏教連合会をはじめとする教化団体など74団体で、その役員の多くは工場主・小売店主・地主・教員・神官・僧侶など地域の有力者だった[2]。北河賢三が述べているように、国民総動員法案は議会の権限を大幅に奪い、政府に白紙委任状をあたえるにひとしい法案であった。これに対して、政友会や民政党両党をはじめ、貴族院などからも批判の声があがった。しかし、一貫して軍部に迎合して戦争を支持してきた政党は、政府と軍部の強硬姿勢に抗することができなかった[3]。また、1938年4月に灯火管制規則も公布され、「このころから物質の不足が顕著になり、人びとの暮らしはどんどん追いつめられていく」[4]。国民精神総動員運動は、挙国一致（国民が一体となって力を合わせる）や尽忠報国（天皇への忠義を尽くし国家に報いる）及び堅忍持久（いかなる困難にも耐え忍ぶ）という三つの合言葉を掲げながら、政府の指示のもとに官僚機構や地域有力者を動員して、物資の欠乏に耐えられる生活態度を国民に身につけさせ、国策協力運動に参加させようとするものであった[5]。そして、この「国策」は一般国民の生活に密接している日常用品広告に巧みに込められ、人々を動員させたわけである。

3、調味料広告に映る国民総動員

では、実際に新聞紙面に掲載された調味料広告を見てみよう。調味料の広告は、まずその特徴や役割を強調するものが一般的である。たとえば、「味の素」の場合は、その特徴である「うまみ」を様々なキャッチフレーズを用いて宣伝している。いくつかを拾ってみると、「不味という字を辞書から除

2 　北河（1989）、9頁。
3 　北河（1989）、20頁。
4 　生瀬（2006）、158頁。
5 　北河（1989）、10頁。

け！」(1938年2月2日)、「沁々と舌が感謝する味」(1938年3月21日)、「どんな料理の材料とも握手して美味を約束する」(1938年5月31日) などが目に飛び込んでくる。「キッコーマン醤油」にも類似している広告は多い。他に、毎年7月と年末になると、お中元やお歳暮の贈答品として調味料を送ろうと呼びかける広告が紙面に溢れる。次に、当時の国民総動員という「国策」にリンクさせた調味料広告を具体的に見てみたい。

　図版4-1は、1938年5月20日に掲載された「味の素」の広告である。写真のなかで大砲と戦闘機を描いている。その上は、「軍民一如」という大きなスローガンのような言葉がある。そして、「味の素」という商品名の隣に、「挙って家庭報国先づ台所の無駄を省きませう！」と書かれている。そして、商品のメリットを4点挙げている。すなわち、とても経済的（「ごく少量で利きますから大変経済です」）、時間を節約（「手間がかかりませんから時間も経済です」）、用途が広い（「和・洋・支いずれの料理にも使えることは非常に便利です」）、来客の時（「必ずおいしく出来てお客様は大満足」）の四つである。

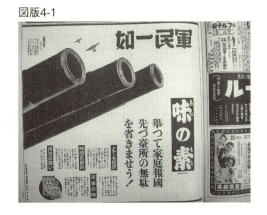

図版4-1

　実は、この広告は国民精神総動員運動の一つ重要な内容を反映している。すなわち、資源を節約するようの呼びかけである。1937年8月以降の閣議決定、とりわけ文部省の通牒などをみると、国民生活における節約に関する条文が頻出していることはわかる。たとえば、1937年9月28日に文部省による

「社会風潮一新、生活改善十則」という通牒のなかで、第9項目の「無駄を省いて国力を培へ」について、次のように述べられている。「吾々の生活には、無駄が多く、為に自然と生活費がかさみ、貯蓄の余裕が少ないのであります。然るに一家の経済は結局国家経済力の基でありますから、此の際大いに覚醒して、生活の方法を改善整備し、出来るだけ無駄を省き冗費を去り、依って生じた余裕を貯蓄して、大いに国力を培えたいものであります」[6]。調味料の広告は、まさにこのような「国策」の代言手段ともいえよう。

　図版4-2は、1938年8月12日に掲載された「キッコーマン醤油」の広告である。広告全体は大変シンプルな構成になっている。台所をイメージにした空間に、キッコーマンの商標が大きく飾られ、その右に縦書きで「お台所も国策に順応」と書かれている。そしてキッコーマン醤油を使うと節約できる理由を次のように述べている。「キッコーマンは十五倍にうすめてもその風味を失いません下等な安価品よりも得用なことが事実上立証されています！」。

図版4-2

　図版4-1の広告は具体的に四つの利点を挙げながら、「味の素」の使用によっ

6　吉田・吉見（1984）、53頁。

第4章　台所における国民総動員

て無駄を省くことが出来るとアピールしている。これと比べると、図版4-2の広告がより露骨に「国策」を訴えていることは一目瞭然である。

　調味料広告は、当時の日本国内の政局だけでなく、日本の外交面の動きをも反映している。図版4-3は、1938年7月30日に掲載された「味の素」の広告である。この広告では、チャイナドレスを着た女性が中国語を教えるシーンを描写している。広告の中央真中に配した「味の素」を「新政権下へ味覚の親善使節」としてたとえ、その後に中国語教科書風にした「味の素」に関した会話文がある。

図版4-3

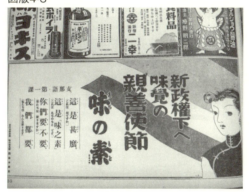

　調味料という「親善使節」について、ほかの二つの例ではより詳細に語られている。それは、1938年2月4日と3月7日に掲載された「味の素」の広告である。前者では「支那よ目覚めよ！料理は既に日支親善」と書かれ、後者では「北支」における「味の素」の需要が高いと述べられた後で、「弊社は味覚を通じて、新興北支との、親善の一助に、微力ながらも、最善の努力を尽くしています」と書かれている。

4、第4章のまとめ

　本章は、三つの広告具体例を通して、調味料広告にこめられた国民総動員の要素を見てきた。無論、これらは国民総動員の一部内容しか反映していな

い。ほかにも、日本軍の戦場勝利や国民体位向上などに因んだ調味料広告はたくさんある。「無敵皇軍に感謝」（1938年3月10日）、「銃後の健康増進に」（1938年4月7日）、「健康はお国への御奉公！」（1938年10月17日）、「祝武漢陥落」（1938年10月29日）などはその代表的なものである。また、米飯に梅干だけのいわゆる「日の丸」弁当を取り入れた広告も多い。当時の民衆はどのような気持ちで、醤油などの調味料だけに頼って「日の丸」弁当を食べただろう。現在、我々のほとんどに経験のないことに違いないだろう。

　成田龍一は、政治的で一般的な規準で考えられていた戦争（像）が異なった様相をみせてくる方法として、「地域」、「民衆」、「生活」の視点から問題提示することを挙げている[7]。すなわち、戦時においては、日常生活のなかに戦争的な要素が入り込んだため、一般民衆の日常生活から戦争を考えることができる。本章での考察対象である調味料広告は、まさに当時一般民衆の日常生活の様々な側面を反映している鏡であり、縮図でもある。さらに重要なのは、そこから生まれた記憶をどのように引き継ぐのか、あるいはその継承にはどのような意義があるのかを考えることである。

7　成田（2006）、X頁。

第5章　消費空間への回帰

―1990年代東京と上海の百貨店広告―

1、はじめに

　第1章と第3章は、1930年代上海と東京の百貨店広告を、「モダン空間」と「動員の場」という二つの視点から分析してきた。第五章では、1990年代の百貨店広告を考察する。ここで資料として用いた日本の百貨店広告は、1991年から2000年にかけての10年間にわたって、毎年1月1日と1月3日（1月2日は通常休刊日）といういわゆる「お正月」の『読売新聞』に掲載された新聞広告である。上海の百貨店広告については、1999年1年間に上海の代表的な新聞である『新民晩報』に掲載された新聞広告を用いた。印刷広告の分析方法については、Arthur Asa Bergerによる研究を参照した。したがって、本章の構成として、まずBergerの分析方法について簡単に説明する。そして、東京の百貨店広告をその特徴によって分類し、具体的な広告例を分析する。同様に、上海の百貨店広告をもその宣伝手法によって分類し、いくつかの具体例を考察する。

2、印刷広告の分析方法―Arthur Asa Berger研究の援用―

　メディア研究者のBergerは、香水広告の例を用いて、テキスト分析・記号論的分析・精神分析学的分析などの側面から、詳細な考察を行っている。彼は、広告分析する際に考えるべき非言語的要素と言語的要素とし、それぞれについて以下を挙げている。前者については、（広告のなかの人物の）髪の色、髪型、目の色、顔立ち、体型、年齢、性別、民族、眼鏡、イアリング、暗示的関係性、空間的構成、背景、光、全体の色、文字の字体などである。そして後者については、言語表現、問い掛け、隠喩と暗喩、否定と肯定、スローガン、語調、文体などである。これら要素からいくつかを取り上げ、東

京と上海の百貨店広告について考察する。

3、東京の百貨店広告
(1) 伝統—三越と高島屋

　三越と高島屋の広告は、両者の長い歴史と伝統的なイメージを強調している。図版5-1は、2000年1月に掲載された三越の広告である。ちょうど新世紀の始まりという時期もあって、三越の建物の写真を使い、その歴史を感じさせる。そして、「もっと素敵に、この千年」というフレーズを広告の中央に書き、伝統がある三越は新しい世紀に向けても発展するというメッセージを込めている。

図版5-1　　　　　図版5-2

　図版5-2は、1999年1月に掲載された高島屋の広告である。この年は、ちょうど高島屋が東京出店100年にあたる特別な節目に当たる。広告はこの出店100周年のキャーペン企画「百年御礼」をテーマとしている。この広告を見る人の視線は、まず中心にいる3人の赤ん坊に向けられるだろう。赤ん坊は、生命あるいは成長を暗示している。また3人の姿はユーモア感を醸し出し、全体の雰囲気を和らげている。「次の時代の新しい暮らしにも、タカシマヤ

第5章　消費空間への回帰

をお役立てくださいませ」と書かれた言葉は、上記の三越と同様、新たな出発という希望を込めたメッセージを伝えている。このように、三越と高島屋の両方は、自らの歴史と伝統を重点的にアピールしながら、新しい発展への思いを広告に託している。

(2) ファッション─伊勢丹

　今日、日本の百貨店のなかで、伊勢丹＝ファッションというイメージが強いとされるが、ここでは伊勢丹の広告から、ファッションの要素を見てみたい。図版5-3、図版5-4、図版5-5は、それぞれ1997年1月、1998年1月、1999年1月に掲載された伊勢丹の広告である。この三つの広告には、いくつかの共通点が見られる。まず、三つの広告はすべて女性モデルを起用している。しかも、3人とも西洋人の顔立ちで、外国人であるかどうかは分からないが、「外国人である」というイメージを直感的に感じさせる。また、3人の女性は、いずれも立っている姿勢で、顔にも表情がある。3人が着ている衣装は、それぞれのキャッチコピーと一致している。図版5-3では、「春は夢から咲いていく」というキャッチコピーが書かれている。これに合わせるように、女性が着ている着物は、鮮やかな色使いで小花のデザインが使用されている。春の雰囲気を躍動的に表現している。図版5-4では、「ピュアな水のように」というキャッ

図版5-3

図版5-4

図版5-5

チコピーが書かれている。女性が全身白いドレスに包まれている。純白という一色使いは、「ピュア」のイメージを演出している。そして図版5-5でのキャッチコピーは「99から、00へ」である。新しい世紀へ向かって扉を開くというメッセージを発信している。

　最後に、この三つの広告の共通点は、その背景の空間的構成にあると考える。これらの広告の背景となる空間は、全てシンプルで且つ広い。これは、Bergerが指摘するように、「シンプルと広大な空間（白い或は「空白」）は裕福・洗練・高価を意味する」[1]からだと考えられる。無論、ここで考察した伊勢丹の広告には、ファッションというイメージがあるが、それとともに「品位」というコノテーションが空間のデザインによっても与えられている。

(3) 前衛—パルコ

　1960年代以降、パルコによる斬新な宣伝広告には、前衛と先端というメッセージが込められ、多くの人々に強烈な印象を与えた。草刈順によると、パルコの初期における広告表現がとった路線は、大別すると次の四つに分類される。すなわち、Fashion路線、男のPARCO、CulturePARCO、きもの巴瑠古の４つである。このような路線に沿って作られたパルコ広告は、「数々のユニークなイベント動員政策と相俟って、とくに若い世代には強烈なイメージを植え付けたようである」[2]。図版5-6は、1995年１月に掲載されたパルコ広告である。前述した広告路線と一致している。広告全体のスペースの半分以上は、男性のヌード写真が占めている。また、パルコ独自なアルファベットからなるロゴマークが目立つ。ヌード写真は、パルコ広告において多用されてきた。前出の高島屋広告の中でも、裸の赤ん坊の挿絵がある。しかしこの広告で使用されたのは成人男性のヌード写真であり、暗示するものが大きく異なる。赤ん坊の裸が無垢を意味するなら、大人の裸は欲望の象徴である。

1　Berger（2005）、169頁。
2　草刈（1979）、19頁。

しかも、ここで登場するのは男性であり、広告でよく使われる女性のヌード写真ではない。若桑みどりが指摘したように、人類の性的イメージの大部分は異性愛の男性の性的欲望をみたすものであり、女性像の大部分はこうした快楽のために生産されたものである[3]。この広告において男性のヌード写真を使う目的が、女性（または同性愛の男性をも）をターゲットとしていることにあると考えられる。すなわち、この広告は女性の視線から、女性の欲望をみたすために作られたものである。「欲望は性欲ばかりではなく、所有欲や幸福や快楽への希求など、あらゆる領域に及んでいる」[4]ように、この広告は百貨店の女性消費者の性的欲望に訴えることを通して、（ショッピング行為によって満たされる）ものへの欲望を喚起している。無論、この広告で使われた写真には芸術作品の雰囲気もある。商業広告のなかに芸術作品の要素を取り入れることによって、品位ある印象を与えている。

図版5-6

一方、1997年1月に掲載されたパルコ広告（図版5-7）では、双子の姉妹が仲良く笑顔を見せている。ここでは、家庭的なイメージが表わされている。双子の姉妹は互いに「賀春、賀正」と新年の挨拶をしているように、新年の

3　若桑（2000）、66頁。
4　若桑（2000）、66頁。

雰囲気をさりげなく演出している。この広告は左右対称の構図を成しており、それは双子の姉妹のみならず、彼女たちの衣服と手の置かれ方、表情、「賀春」と「賀正」などの要素によって作られている。そのことがまず暗示するのは、彼女たち同士がついさっきお正月の挨拶を交わしたばかりであるということであり、次に、彼女たちの視線がこの広告を見る者に向けられていることによって、見る者もまたお正月の挨拶を交わすことが求められているのである。そのようなお正月のめでたい挨拶を交し合うことが、パルコと消費者の間にもあるという意図が感じられる。お正月の儀式の中に、百貨店とその利用者との関係を確認しようとしている。

図版5-7

(4) 消費空間への回帰―素朴な百貨店広告

　すでに考察した伊勢丹の広告では、ファッションと品位のイメージが溢れている。しかし、意外にも伊勢丹のものとは思われないような広告がある。図版5-8、5-9、5-10は、1995年1月に掲載された伊勢丹広告である。これらの広告は新聞の4頁にわたって同時に掲載されている。内容は、図版が示すように、商品のカタログのようにたくさんの商品の写真や値段などを載せている。このような広告は、スーパーマーケットのチラシ広告に類似している。広告には、スーパーマーケットがもつ庶民性が百貨店にもあり、広い客層を獲得したいという百貨店経営側の思いが反映されている。これは、「ファッ

ションの伊勢丹」という一般的なイメージを裏切るような内容である。しかも、このような4頁にわたる大規模な広告は、1993年1月、1994年1月にも掲載されている。このような広告は、百貨店が消費空間であるという根本的な理念に回帰する意図で作られ、これを見る人は、このような素朴な百貨店広告もあったことに気付かせられる。

図版5-8

図版5-9

図版5-10

4、上海の百貨店広告
(1) キャーペン広告の展開

　上海の百貨店広告のなかで、よく見られるのはキャーペン広告である。ここで太平洋百貨店のシリーズ広告を見てみよう。図版5-11、5-12、5-13、5-14が示すように、太平洋百貨店の広告は大体同じ様式である。内容は、キャンペーンの情報が中心となっている。また、(キャーペン期間が)「残り七日」などのように、来店を促す内容も見られる。太平洋百貨店の広告には、一つの特徴がある。毎回の広告の下段に「太平洋百貨辦活動、大家有信心(太平洋百貨店のキャンペーンなら、皆が安心できる)」というフレーズが書かれている。ここに、太平洋百貨店が消費者に向けて、自分の売り出す商品の品質と定価に対する自信が見られる。

図版5-11

図版5-12

図版5-13

図版5-14

(2) 文化伝統と民俗意識の応用

　上海の百貨店は中国の文化伝統と民俗意識を応用した広告をたびたび掲載している。図版5-15は、豫園商城という百貨店が1999年の旧正月に出した広告である。春節の伝統的な祭りの一つ「新春灯会（新春提灯祭り）」がテーマとなっている。広告のなかで、1999年の干支である兎のキャラクター、また中国の伝説によく登場する神様たちの人物像が描かれている。しかも描かれた神様たちの中に、金運を運び、長寿をもたらす人物もいる。新年にあたっての中国人の祈りを表している。これは、新年の気分を盛り上げ、旧正月の雰囲気にぴったりの宣伝広告である。

図版5-15

(3) ファッションの誘惑

　1990年代後期の上海の百貨店広告には、伊勢丹広告のような奇抜なものはまだ珍しかったが、ファッションを主題とする広告が少しずつ現れ始めた。図版5-16は、富安百貨店の開業広告である。この広告では、富安百貨店の特色（流行的な衣装が主力商品であること）をアピールしている。広告のなかで、蝶をモチーフにした女性が全体の半分ほどのスペースを占めている。その下には、開業日として「1999年12月28日」を告知している。また、右上

のところでは、店名の下に、「16500平方メートル」という売場面積を示す数字と、「300以上」という販売する衣装ブランドの数が書かれている。右下の部分はキャンペーン商品の情報を記している。全体的には、鮮やかな蝶のイメージがファッションの主題を強調しているように見える。広告の中の女性の手には百貨店の丸い形のロゴが置かれており、指はそのロゴを中心に花のように開かれている。女性の視線、唇の形などによって、この蝶は花の蜜を吸いに来たように見える。そのことは、この広告全体にとって、二つのコノテーションをもつことが可能にしている。一つは、蝶そのものがこの百貨店であり、百貨店の商品として扱うファッションであることである。もう一つは、蝶の花に止るように、消費者にもこの花、すなわちこの百貨店の売場に向かおうと誘っていることである。

図版5-16

(4) 消費空間の構築―ショッピング・フェステバルの連続シリーズ広告

　上海の百貨店広告は、開業だけでなく、開店何周年や創業何十周年などの記念日に合わせた宣伝広告も多い。また、一定の期間にわたって開催される大規模な商業イベントをテーマとする連続シリーズ広告もよく見られる。図版5-17、5-18、5-19、5-20、5-21は上海新世界百貨店が1999年秋に開催した「ショッピング・フェステバル」の連続シリーズ広告である。このような広告は、商業イベントの全体像を、開催前から開催期間中まで数回にわたって伝える

第5章 消費空間への回帰

ことができる。開催前に予告広告として、まず人々の興味を惹く。開催期間中には、毎日の新しい情報を呈示する。このように広告のデザインはシンプルであるが、その刻々に変わっていく変動的感覚が消費者にとって魅力である。

図版5-17

図版5-18

図版5-19

図版5-20

図版5-21
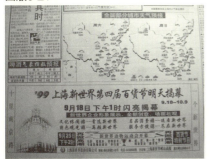

5、第5章のまとめ

　本章では、1990年代における東京と上海の百貨店広告を分析した。東京における三越や高島屋の広告は伝統と歴史性をテーマにしており、そこには新しい時代に対する希望が感じられる。伊勢丹の広告は、女性モデルを素材として起用し、次々にファッションのイメージを作り上げた。一方、意外にも伊勢丹は大衆消費者を意識し、スーパー・マーケット型の広告も掲載している。他に、前衛的・先端的なイメージを全面的に打ち出すパルコの広告は、広告界において異端児的存在となっている。上海に目を向けると、伊勢丹やパルコなどのような広告は少ないが、地道なキャンペーン活動の宣伝広告が多い。しかも、連続シリーズ広告の掲載もよく見られる。また、伝統文化や民俗意識を強く持ち続ける中国人消費者をターゲットとし、文化的要素を取り込んだ広告戦略を展開している。

第6章　2000年代の東京と上海における百貨店広告に関する比較調査

1、はじめに

　第6章は、日本と中国の大都市、東京と上海における消費者の（1）メディア接触状況と、（2）百貨店での利用意識についての調査結果に基づいて、両都市における類似点と相違点を発見し、上記二つの調査項目の関連性を明らかにしようとする国際比較調査研究である。

　本章の構成は次の通りである。まず調査対象の背景と調査概要を述べる。すなわち、東京と上海という二つの都市の消費者を調査対象とする理由と、上海の百貨店の歴史と現状について述べる。そして、調査実施の時期、調査方法、サンプルの基本状況などを説明する。さらに、調査結果を三つの部に分けて記述し、それに対する考察を行う。すなわち、①東京と上海の回答者の属性；②東京と上海の消費者の平日メディア接触状況；③東京と上海の消費者の百貨店消費行動、という三つである。最後に、調査結果の分析をまとめたうえ、日中両国の大都市におけるメディア接触と消費文化の異同を述べる。

　すでに第1章で述べた各先行研究は、それぞれの専門領域で行われたものであり、グローバル化時代における国際比較といった視点から捉えたものではない。その中で珍しく国際比較的手法をとっているのは、井上、謝、董の3人である。井上は、日本と中国の百貨店の経営の特徴と問題点、そして両国の百貨店の経営改革について論じている。謝は日中両国の流通構造と流通に関する政策を論じているが、なかの一章では百貨店を代表的な小売業の一つとして、その商品の仕入れや販売促進に関する両国の比較を行った。一方、董による研究は、主に中国国内都市において新しい顔として出現した日系百貨店と伝統ある老舗百貨店が売り場配置、商品構成、経営理念などをめぐる比較研究である。ここで筆者が重要だと考えるのは、学際的な視点であ

る。本章では、東京と上海における人々のメディア接触状況、百貨店の利用意識、そして百貨店広告に対する認識情況などを主要な考察内容としているため、諸先行研究とは研究の方向性と調査対象、考察内容が異なる。ここでいうメディア接触状況は情報の受容／発信に関する研究に、「利用意識」や「広告認識」は消費文化に関する研究に含まれる。「情報文化学」は、この両者を繋ぐ研究として捉える。片方善治と今井賢は、試案としての情報文化の概念を、「真・善・美・理をつくりだす理念系にもとづき、人間のいとなみを充実・発展させるように施設系を構築してその文明を開化し、学問・芸術・道徳などの人間系における精神文化面を進化させること。また、それらの過程でつくり出されたもの・こと」[1]と述べている。本章で取り上げた「メディア接触」(情報)と「消費習慣」(文化)は、施設系と人間系の双方に関わり、その相互作用に目を向けている。この調査研究を通して、東京と上海という二つの都市におけるメディア接触による情報の伝達と受容に関する調査結果は、広告投入媒体の選択の可能性を示唆し、消費習慣への影響、本章ではとくに百貨店の利用意識への影響も考えることができるだろう。つまり、本章は情報と文化の両方を一つの視野に入れた研究である。

2、調査対象の背景と調査概要

(1) 東京と上海という対象選択

蘇智良による東京と上海の近代化比較研究が示すように、東京と上海は、近代歴史においては多くの類似点がある。そして現在においてもこの二つの都市は、それぞれ日本と中国において最も人口密度が高い、最も都市化が進んだ国際都会である。それぞれ日中両国での経済地位、情報集中度、交通機関を中心とする都市インフラ整備、商業化の程度などの方面で、類似性と関連性が見られる。日本と中国における都市の比較研究対象として最もふさわしい地点だと考えられる。

1　片方・今井（1994）、82頁。

グローバル化の進行によって、国境を越えた商品や資本の流通が広がり、地球規模の流通機関と世界共通の消費パターンの同質化が加速している。しかし、「グローバル」と「ローカル」の間における文化の影響力は無視できない。日本と中国は隣国として文化における類似性が存在するが、それぞれ固有の歴史・習慣・制度面における独自性は両国の消費文化に大きく影響している。この意味では、東京と上海の百貨店をめぐる消費文化に関する比較研究は、グローバル化が進む現代情報社会の現状と問題点を考える有効な試みだと考える。

(2) 上海の百貨店について

　日本では、三越をはじめ、伊勢丹や高島屋などのように、長い歴史を持つ百貨店がよく知られている。比較のためにここでは、上海の百貨店の歴史と現状を簡単に紹介する必要があるだろう。

　中国最初の百貨店は、1900年にロシア人によってハルビンで開業した。しかし20世紀初頭以来の長い歴史において、上海が中国百貨店業がもっとも発達した地点である。1917年に先施百貨公司、翌年に永安百貨公司が相次いで開業し、そして1926年に新新百貨公司、1936年に大新百貨公司が開業した。この４社とも上海の南京路に店舗を構え、中国近代史上では「四大百貨店」として知られている。1980年代初頭の改革開放以来、とりわけ1992年以降中国の市場経済の著しい発展とともに、上海の百貨店業界も大きく変わった。中国系各百貨店の間に、そして中国系百貨店と外資系百貨店の間に、激しい競争が見られるようになった。中国百貨店業界全体から見ても、上海の百貨店は重要な位置を占めている。中国商業聯合会の統計によると、2007年中国百貨小売企業売上トップ100の中で上海の百貨店は７社がランクされている[2]。しかも「上海豫園商城」が売上第１位を占めている。他には、「新世界」、「東方商厦」、「第一百貨」、「永安百貨」、「太平洋百貨」など数多くの百貨店も注

2　中国商業聯合会ホームページhttp://www.cgcc.org.cnを参照。（2008年7月20日確認）

目されている。

(3) 調査概要

　本章は、ほぼ同時期に東京と上海で行った調査による結果を元に、両国の都市住民のメディア接触状況と消費行動について分析する。調査結果を見るまえに、調査実施の概要を述べる。

調査Ⅰ（東京）
(1)　調査地域：首都30キロ圏
(2)　調査対象：満15～65歳の一般男女個人
(3)　抽出方法：ランダムロケーション、クォータサンプリング（事前に調査のお願い状を配布し、実施期間中に、該当年齢者を説得し、了解を得て調査票を留め置いてもらい、後日回収する方法をとった。）
(4)　調査方法：調査員の訪問による質問紙の留め置き・回収調査
(5)　実施期間：2008年6月6日～7月1日
(6)　回収数：779人
(7)　分析数：720人（分析対象数は、記入の不備や遅れ票などを除いて決定した。）
(8)　調査実施委託機関：㈱電通リサーチ

調査Ⅱ（上海）
(1)　調査地域：上海市内
(2)　調査対象：満15～65歳の一般男女個人
(3)　抽出方法：全数調査のため、サンプリング不要
(4)　調査方法：上海南京東路商圏での買い物客に対し、調査員がアンケート調査を行った。
(5)　実施期間：2008年6月1日～6月30日
(6)　サンプル数：200人

(7) 分析数：200人
(8) 調査実施委託機関：上海上咨市場咨詢有限公司

　東京と上海での調査では、言語や文化の違いと実際の生活状況などの要因を配慮しながら、出来るだけ同じ質問項目を質問票に組み込まれた。しかし、メディア（新聞名や雑誌名など）、消費レベル（小遣いの金額など）については、現地の実際状況に基いて設定した。調査内容は、大きく「調査対象（回答者）について」と「百貨店に関する広告について」の二つの部分に分かれる。主な質問項目は以下のとおりである。

Ⅰ「調査対象について（回答者属性）」：
　年齢、婚姻状況、メディア接触時間数、購読新聞・雑誌、月間小遣い金額、月間支出金額、家族構成、同居家族人数など。

Ⅱ「百貨店に関する広告について」：
　① 店広告（店内広告を除く）の接触経験
　② 百貨店店内広告の影響度
　③ 月平均百貨店を訪れる回数
　④ 百貨店を訪れる際の同行者状況
　⑤ 百貨店の魅力を感じるところ
　⑥ 百貨店を訪れる動機（目的）
　⑦ 百貨店のイメージで浮かぶもの
　⑧ 百貨店の性的イメージ
　⑨ 百貨店広告から感じる雰囲気
　⑩ 百貨店広告の情報の伝わる効果

3、調査結果に関する考察

(1) 回答者属性について

　まず回答者の性別状況について、東京は男女それぞれ回答者全体の51.5％と48.5％を占めているに対して、上海は33.5％と66.5％で女性が占める割合が大きい。また、回答者の婚姻状況を見てみると、既婚者は東京では66.1％を占めるに対し、上海が31.0％だった。

　次は、調査対象の年齢状況を図版6-1で示す。上海の回答者の六割が20代の若者である。

図版6-1

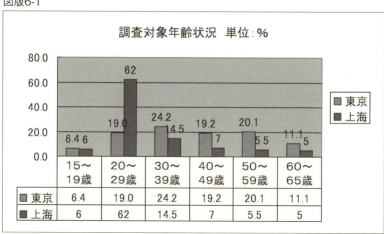

(出所：筆者作成)

　図版6-2が示した通り、上海の回答者は単身世帯が目立つのに対し、東京では夫婦と子供世代が最も多い。

　さらに、回答者の家庭構造を同居人数の上位3位の順番から見てみる。東京では同居人数は3人、4人、2人の順位となっている。上海では、1人、3人、2人の順位となっている。

図版6-2

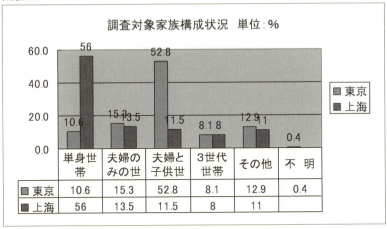

(出所:筆者作成)

(2) メディア接触について

次は、東京と上海におけるメディア接触状況についてみる。日本と中国のメディア状況、とりわけインターネットの普及率など、無論大きな差異がある。例えば、2009年1月に公表された中国互聯網絡信息中心（CNNIC）による中国インターネット現状に関する報告[3]では、2008年末時点で中国のインターネット利用者数は2.98億人、全国の人口普及率は22.6％と記している。一方、日本では2006年時点でのインターネット利用者数は8,754万人、人口普及率は68.5％であった。しかし、中国全体と比べると、上海のメディアは極めて発達しており、例えばインターネットの利用・普及状況に関しては、上記CNNICの報告書によると、2008年末時点に上海のインターネット利用者は1,110万人であり、人口普及率は59.7％に達している。したがって、東京との比較も可能だと考える。

以上のメディア事情の背景を踏まえて、まず東京と上海の回答者の平日メ

3　中国互聯網絡信息中心ホームページhttp://www.cnnic.cn/index.htmを参照。（2009年5月2日確認）

ディア接触時間を見てみたい。表6-1は、東京と上海におけるメディア接触の平均時間数ランキングである。

表6-1　平日メディア接触時間順位比較

順位	東京	上海
1	テレビ (2.3175)	パソコン (3.7325)
2	パソコン (1.4215)	携帯電話 (3.585)
3	携帯電話 (0.8415)	パソコンによるインターネット (2.6575)
4	パソコンによるインターネット (0.779)	携帯通話 (1.795)
5	ラジオ (0.5665)	テレビ (1.4825)
6	新聞 (0.5486)	雑誌 (0.98)
7	携帯メール (0.473)	携帯メール (0.9375)
8	携帯通話 (0.3985)	新聞 (0.7875)
9	雑誌 (0.387)	携帯によるインターネット (0.5875)
10	携帯によるインターネット (0.3225)	携帯音楽 (0.49)
11	携帯音楽 (0.171)	ラジオ (0.3275)
12	携帯ゲーム (0.132)	携帯ゲーム (0.3175)

(出所：筆者作成、数字は平均接触時間数)

　東京では、テレビの視聴時間が2時間半弱で唯一2時間を超えるメディアである。また、平日に1時間以上利用されるのはパソコンのみである。他のメディアへの接触平均時間はみな1時間以内となっている。一方、上海ではパソコンや携帯電話接触時間数のどちらも3時間半を超えている。また、平日に1時間以上接触するメディアは携帯電話での通話とテレビである。活字メディアに関しては、東京と上海の両方とも6位以下となっているが、とりわけ東京の場合は平日に新聞接触時間が約30分で、雑誌が20分弱となって、活字離れが上海より進んでいる。

　次に、平日におけるテレビ視聴、パソコンによるインターネット利用、そして携帯電話利用という三つの利用パターンの平均時間数を具体的に見てみる。図版6-3が示すように、東京の回答者のなかで、平日テレビ視聴時間数が1〜2時間の人が最も多く、全体の33.1％を占めている。一方、上海では、1時間未満の人が最も多く、全体の38.0％を占めている。また、ほとんどテ

第6章　2000年代の東京と上海における百貨店広告に関する比較調査

レビを視聴していない人が東京では全体の1.5％に過ぎないのに対し、上海が10.5％となっている。東京では、テレビから情報を得る割合が上海よりかなり高いと推測される。

図版6-4から、パソコンによるインターネット利用時間を見てみると、東京と上海の双方は平日に1時間未満の人が最も多く、これが主流となっている。しかし、平日に6時間以上に利用する人は、東京が0.8％しかないのに対し、上海が16.5％で目立つ。これは、上海の個人株取引者が多いということを考慮すべきだと思われる。

図版6-3

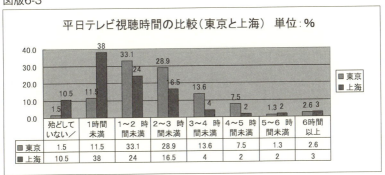

（出所：筆者作成）

※一番目の項目は「殆どしていない／見ない／聞かない」である。図版6-4.図版6-5同様。

図版6-4

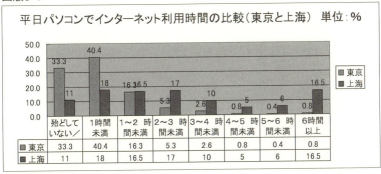

（出所：筆者作成）

— 87 —

図版6-5

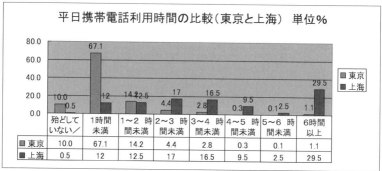

(出所:筆者作成)

　携帯電話の利用について、図6-5が示すように、平日1時間未満の人が東京では67.1％に達し、上海の5倍にもなる。一方、平日に6時間以上利用する人が上海では29.5％を占めるのに対し、東京ではわずか1.1％である。
　以上は、三つの現代社会における代表的なメディアの接触時間数について、東京と上海の回答者による結果を分析した。本章の考察対象の一つである百貨店消費についても、東京と上海での状況を比較してみたい。とくに、上海と東京の女性消費者の異同に注目したい。

表6-2　メディアによる百貨店広告接触度比較

順位	東京	上海
1	折り込みチラシ・通販カタログ(46.9%)	テレビ・ラジオ(68.5%)
2	新聞・雑誌(46.7%)	新聞・雑誌(57.5%)
3	車内広告・駅ポスター(39.7%)	折り込みチラシ・通販カタログ(42%)
4	テレビ・ラジオ(35.4%)	屋外大型ビジョン(40.5%)
5	パソコンによるサイト・ブログ(8.8%)	パソコンによるサイト・ブログ(32.0%)
6	屋外大型ビジョン(5.4%)	車内広告・駅ポスター(31.0%)
7	携帯によるサイト・ブローグ(3.5%)	携帯によるサイト・ブローグ(6.0%)
8	その他(1.8%)	その他(1.0%)

(出所:筆者作成、数字は該当項目を選択した回答者の割合)

　表6-2では、メディアによる東京と上海の百貨店広告接触度順位を示している。

東京では、折り込みチラシや通販カタログが最も高く、46.9%を占めている。これは、日本独自の新聞「戸別宅配制度」によるチラシの到達率と関係があると考えられる。そして、東京での上位3位はすべて活字メディアであるのに対し、上海ではテレビやラジオ放送が圧倒的に高い。図版6-6が示すように、女性消費者全体から見ると、上海と東京はほぼ同じ状況である。そのうち折り込みチラシや通販カタログに関しては、上海より東京の方が高い。

図版6-6

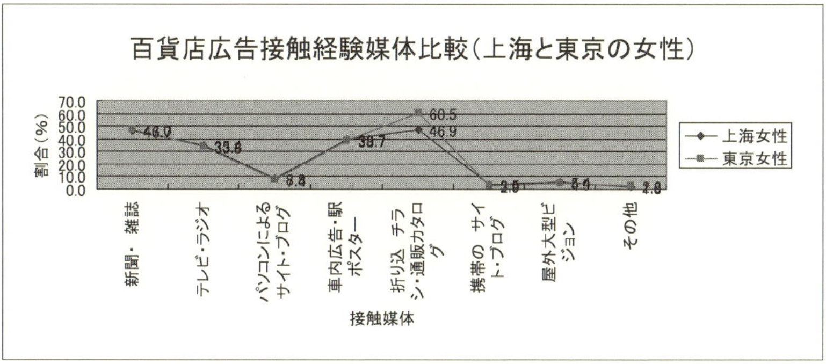

百貨店広告接触経験媒体比較（上海と東京の女性）

（出所：筆者作成）

表6-3　百貨店店内広告影響度比較

順位	東京	上海
1	ショーウインド（59.6%）	ショーウインド（44.5%）
2	商品看板（18.9%）	商品看板（22.5%）
3	食品の実演販売（12.2%）	ビデオ放映（13.0%）
4	ビデオ放映（3.1%）	食品の実演販売（11.0%）
5	その他（4.2%）	美容・健康商品の体（8.5%）
6	美容・健康商品の体験（2.1%）	その他（0.5%）

（出所：筆者作成、数字は該当項目を選択した回答者の割合）

図版6-6

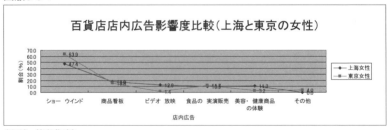

(出所:筆者作成)

　一方、百貨店店内の広告による影響について、表6-3が示す通り、百貨店のショーウインドーが1位となっており、東京と上海双方の百貨店において、クロスメディアのなかでショーウインドーが集客に有力であることが分かる。他に、商品看板や実演販売などは大差がない。図版6-7が示すように、女性消費者全体から見ると、上海と東京は大差がない。中にはショーウインドーに関しては、上海より東京の方が20％近く高い。
　以上、東京と上海での一般メディアと百貨店内広告の接触状況について考察した。ここからは、両都市における消費行動を、百貨店を中心に考察する。

(3) 百貨店消費行動について

　まず、百貨店を訪れる頻度を見てみよう。図版6-8が示すように、東京では月1回百貨店を訪れる人が最も多く、全体の41.5％を占めている。上海では、月2～3回訪れる人が最も多く、全体の48.0％を占めている。月4～6回訪れる人の割合も合わせてみると、上海の人々がより積極的に百貨店を訪れていることが分かる。しかし、図版6-9が示すように、女性消費者のみから見ると、上海と東京の状況は逆となっている。上海の女性は月2～3回百貨店を訪れる人が最も多い。東京の女性は月1回に訪れる人が最も多い。また、女性の百貨店訪問の同行者に関しては、上海と東京の違いが明白である。とくに、恋人同士が一緒に百貨店を訪れることに関しては、東京がわずか0.6％なのに対して、上海は30.1％と高い。

第 6 章　2000年代の東京と上海における百貨店広告に関する比較調査

図版6-8

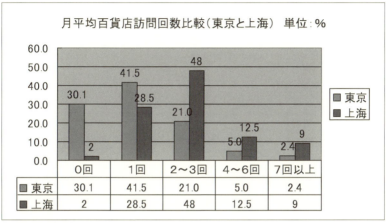

（出所：筆者作成）

図版6-9

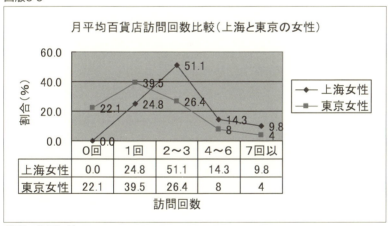

（出所：筆者作成）

図版6-10

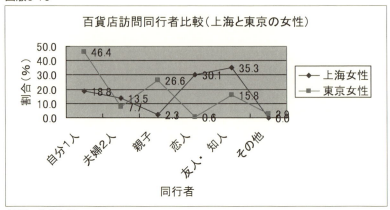

（出所：筆者作成）

では、百貨店の魅力はどこにあるのだろう。表6-4が示すように、やはり「百貨店」という名前が発する「商品の豊富」というイメージが最大の魅力である。また、東京でも上海でも、百貨店が流行を知る場所であることが共通しており、季節の変化も敏感に反映されている。ほかに、消費者が百貨店の催し物や接客などからも魅力を感じているようである。そして図版6-11が示すように、女性消費者のみからみると、百貨店の陳列に関しては、上海の女性がより敏感であることが分かる。

表6-4　百貨店の魅力を感じる点の順位比較

順位	東京	上海
1	商品の豊富さ（49.9%）	商品の豊富さ（50.5%）
2	流行の要素（36.9%）	流行の要素（48.5%）
3	季節の変化（36.8%）	催し物に魅力（41.5%）
4	催し物に魅力（27.5%）	陳列の独創性（38.5%）
5	接客の満足（14.7%）	接客の満足（31.5%）
6	陳列の独創性（11.0%）	季節の変化（23%）
7	どれでもない（10.4%）	その他（1.0%）
8	その他（2.1%）	どれでもない（0.5%）

（出所：筆者作成、数字は該当項目を選択した回答者の割合）

図版6-11

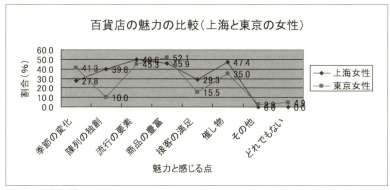

(出所:筆者作成)

このような魅力と感じる百貨店に、消費者が具体的にどのような動機で訪れているだろうか。表6-5は、主要な訪問動機を順位付けて示している。

表6-5 百貨店訪問動機順位比較

順位	東京	上海
1	バーゲンでの買い物 (37.9%)	日常生活用品を買う (62.5%)
2	食品を買う (33.9%)	ブランド品を買う (54.0%)
3	お中元・お歳暮のギフトを送る (33.6%)	バーゲンでの買い物 (42.0%)
4	ブランド品を買う (29.7%)	食品を買う (38.0%)
5	日常生活用品を買う (24.9%)	お中元・お歳暮のギフトを送る (22.5%)
6	グルメを楽しむ (19.2%)	グルメを楽しむ (20.0%)
7	外国・地域特産フェアでの買い物 (15.7%)	友人と会う (20.0%)
8	友人と会う (10.6%)	年末年始の「福袋」を買う (10.0%)
9	その他 (7.8%)	外国・地域特産フェアでの買い物 (7.0%)
10	美術展を見る (7.6%)	美術展を見る (7.0%)
11	年末年始の「福袋」を買う (7.1%)	併設する娯楽施設を楽しむ (7.0%)
12	併設する娯楽施設を楽しむ (5.1%)	その他 (1.0%)

(出所:筆者作成、数字は該当項目を選択した回答者の割合)

東京と上海それぞれの上位動機を見ると、やはり食品や日常生活用品を買う目的で訪れる人が多いことが分かる。しかし、特徴的なのは、東京では

食品を買うために百貨店へ訪れる人が全体の33.6％を占めていることである。これは、日本の百貨店の「デパ地下（デパート地下食品売場）」文化と大きな関係があると考える。一方、上海では、全体の半数を超える人がブランド品を買うために百貨店へ訪れている。近年の上海ではブランド品専門店が増えつつあるが、百貨店店内のブランド品売場の人気が健在だと推測される。また、日本と中国の両国に存在する贈与文化もこの表に反映されている。日本の百貨店では、毎年にお中元やお歳暮のギフト専門売場を設けるのと同様、中国ではお正月や中秋節のギフト専門売場を設けることが多い。百貨店へ訪れる動機順位にも、東京では贈与品購入が3位に、上海では5位にランキングされている。百貨店の訪問動機に関しては、上海と東京の女性が、ブランド品と日常生活用品の購入状況において異なっている。

図版6-12

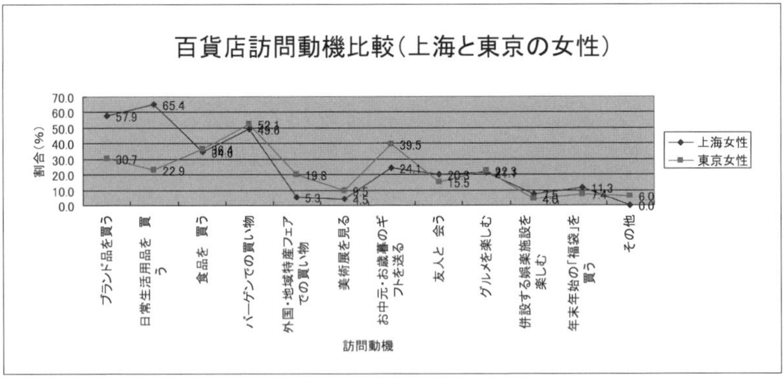

百貨店訪問動機比較（上海と東京の女性）

（出所：筆者作成）

次に、百貨店のイメージを反映、あるいは左右する要素を考えて見たい。まず、百貨店のイメージとして思い浮かべるものについては図版6-13に示す。

東京では、百貨店の商品包装紙が最もそのイメージを反映しているものとして挙げられる。百貨店の包装紙や紙袋について、東京は上海より伝統的であるが、上海でも次第に注目が高まっているようである。一方、上海では、

図版6-13

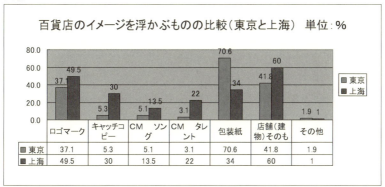

(出所:筆者作成)

図版6-14

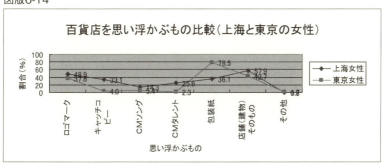

(出所:筆者作成)

百貨店の店舗（建物）自体が最大の広告塔となっているようである。CMやCMソング、CMタレントなどの要素について、上海ではある程度消費者に認知されているが、東京では低い。理由の一つとして、日本の百貨店広告は新聞広告が主流であることが挙げられるだろう。全体の状況と同じ、上海と東京双方の女性消費者においても、包装紙が百貨店イメージの連想に最も効果的である。

図版6-15

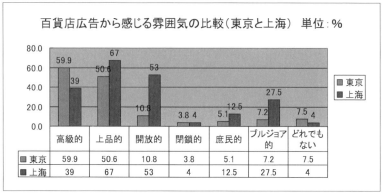

(出所:筆者作成)

図版6-16

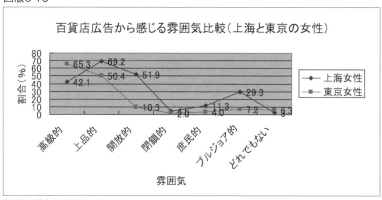

(出所:筆者作成)

　そして百貨店から感じる雰囲気について、図版6-8に示す。東京と上海の双方において、百貨店は「高級的、上品的」な雰囲気を演出している。また、上海では半数の人は百貨店が「開放的」だと感じている。調査では、百貨店の性別イメージにも注目した。その結果として、東京と上海の双方において、百貨店が「女性的」であると感じる人が圧倒的に多く、それぞれ回答者全体の73.3%と51.5%を占めている。

4、第6章のまとめ

　以上、本章における研究背景、現地調査の実施経緯・調査内容・分析結果について述べた。主な調査結果を、以下のようにまとめる。まず、テレビ接触度は、東京が上海より高い。そして、新聞については双方に大差ないが、雑誌接触度の方は上海が高い。また、インターネット接触時間は、上海が大きく上回っている。特に上海は長時間（6時間以上）の利用が目立つ。携帯電話によるインターネット、メール、ゲーム、音楽などの接触状況は、東京と上海は類似している。次に、東京と上海の双方において、百貨店広告は、依然テレビや新聞などの伝統的手法が主流であるが、上海ではウェブサイトやブログによる影響が大きい。特に若い世代において顕著である。

付録(アンケート調査票)

付録1

「百貨店に関する広告」について、あなたのお考えをお伺いします。

以下の質問文をお読み頂き、右の回答欄の該当する番号に○印をお願いします。

表6-5 百貨店訪問動機順位比較

質問文	ご回答欄	
(全員の方に) 問1 百貨店広告(店内広告を除く)について、普段の生活の中で接触経験の多い広告媒体をお知らせ下さい(○印はいくつでも)。	1 2 3 4 5 6 7 8	新聞・雑誌 テレビ・ラジオ パソコンによるインターネットサイト・ブログ 車内広告・駅ポスター 折り込チラシ・通販カタログ・フリーペーパー 携帯のサイト・ブログ 屋外大型ビジョン その他 ( )
(全員の方に) 問2 百貨店の店内広告の中で、一番影響を受けているものをお知らせ下さい(○印はひとつ)。	1 2 3 4 5 6	ショーウインド 商品看板 ビデオ放映 食品の実演販売 美容・健康商品の体験 その他 ( )
(全員の方に) 問3 月平均の百貨店へ訪れる回数をお知らせ下さい(○印はひとつ)。	1 2 3 4 5	0回 1回 2〜3回 4〜6回 7回以上
(全員の方に) 問4 百貨店へ訪れる際、誰と同行することが多いですかお知らせ下さい(○印はひとつ)。	1 2 3 4 5 6	自分1人 夫婦2人 親子 恋人 友人・知人 その他 ( )

質問文	ご回答欄
（全員の方に） 問5　百貨店の魅力を感じるところをお知らせ下さい（○印はいくつでも）。	1　季節の変化を感じる 2　陳列の独創を感じる 3　流行の要素を感じる 4　商品の豊富を感じる 5　接客の満足を感じる 6　催し物に魅力を感じる 7　その他 （　　　　　　　　　　　　　） 8　どれでもない
（全員の方に） 問6　百貨店へ訪れる動機をお知らせ下さい（○印はいくつでも）。	1　ブランド品を買う 2　日常生活用品を買う 3　食品を買う 4　バーゲンでの買い物 5　外国・地域特産フェアでの買い物 6　美術展を見る 7　お中元・お歳暮のギフトを送る 8　友人と会う 10　併設する娯楽施設（ゲームセンターや屋上パークなど）を楽しむ 11　年末年始の「福袋」を買う 12　その他 （　　　　　　　　　　　　　）

質問文	ご回答欄
（全員の方に） 問7　百貨店のイメージで浮かぶものをお知らせ下さい（○印はいくつでも）。	1　ロゴマーク 2　キャッチコピー 3　CMソング 4　CMタレント 5　包装紙 6　店舗（建物）そのもの 7　その他 （　　　　　　　　　　　　　）
（全員の方に） 問8　百貨店のイメージは女性的に感じますか、男性的に感じますかお知らせ下さい（○印はひとつ）。	1　女性的 2　男性的 3　中性的 4　どちらでもない
（全員の方に） 問9　百貨店広告から感じる雰囲気についてお知らせ下さい（○印はいくつでも）。	1　高級的 2　上品的 3　開放的 4　閉鎖的 5　庶民的 6　ブルジョア的 7　どれでもない

（全員の方に） 問10　以下の広告表現は、情報の伝わる力が強いと思いますか（○印はひとつ）。	1　よく伝わった 2　やや伝わった 3　普通 4　あまり伝わらない 5　伝わっていない

付録2

就有关百货店广告，征求您的意见。

请阅读以下的提问，在回答栏画圈选择。

问题	回答栏
问1　有关百货店广告（不含店内广告），您在日常生活中接触的最多的广告媒体？（可多项选择）	9　报纸・杂志 10　电视・广播 11　因特网上的网站・博客 12　地铁等轨道交通的车内・车站内的海报 13　广告宣传单・免费杂志・商品目录 14　移动电话上的网站・博客 15　室外大屏幕 16　其它 （　　　　　　　　　　　　　　　）
问2　百货店的店内广告之中，您最受影响的是什么？（单项选择）	7　商品橱窗 8　广告牌 9　现场播放录像 10　现场食品品尝 11　现场美容・健康产品的试用 12　其它 （　　　　　　　　　　　　　　　）

问3 您去百货店的月平均次数（单项选择）	6 7 8 9 10	0次 1次 2～3次 4～6次 7次以上
问4 与您一起去百货店最多的是谁（单项选者）	7 8 9 10 11 12 (	自己一个人 夫妇俩人 母子/父子 女友/男友 一般朋友・熟人 其他 　　　　　　　　　　　　)
问5 您所感受到的百货店的魅力（可多项选择）	9 10 11 12 13 14 15 (16	感受季节的变化 感受陈列的特色 感受流行的信号 感受商品的丰富 感受待客的满意 感受促销活动的魅力 其他 　　　　　　　　　　　　) 以上都不是
问6 您去百货店的动机（可多项选择）	13 14 15 16 17 18 19 20 21 22 23 24 (	购买品牌商品 购买日常生活用品 购买食品 购买减价促销商品 购买外国/外地特产 看美术展览 购买过节的礼品 与朋友见面 品尝美食 去百货店的游戏中心，屋顶花园等 购买新年大礼包 其他 　　　　　　　　　　　　)

问题	回答栏	
问7 令您想起百货店的是？（可多项选择）	8 9 10 11 12 13 14 (	标识 广告词 广告歌 广告演员 包装纸 百货店店铺/建筑物 其他 　　　　　　　　　　　　)
问8 您对百货店的性别的印象（单项选者）	5 6 7 8	女性 男性 中性 以上都不是

问9	您从百货店广告所感受到的氛围（可多项选择）	8 9 10 11 12 13 14	高档 有品位 开放 封闭 平民 小资 以上都不是
问10	对于以下广告，您认为其宣传力度如何？（单项选者） 	6 7 8 9 10	有足够宣传力度 有一定宣传力度 宣传力度一般 宣传力度不太够 宣传力度完全不够

第7章　公共交通と消費行為
―東京副都心線開通前後沿線百貨店消費状況変化の調査―

1、はじめに

　池袋、新宿、渋谷という三大副都心を縦断する東京メトロ副都心線（図版7-1参照）は2008年6月14日に開業した。これによって、消費者の流れがどのような変化を生じるか。第7章は、2008年9月に行った「都市交通と百貨店消費」をテーマとする調査による結果を元に、副都心線開通による周辺住民の消費行動の変化を明らかにするものである。本章と関連する先行研究として、野村総合研究所による調査が挙げられる。しかし、これは副都心線開業一週間後に新宿の来訪意向を中心とした調査である。本章における研究は、新宿を含め都内の各百貨店エリアを対象としている。さらにここでは、交通要素を取り入れた百貨店広告に関する考察も加えている。

図版7-1　副都心線路線図

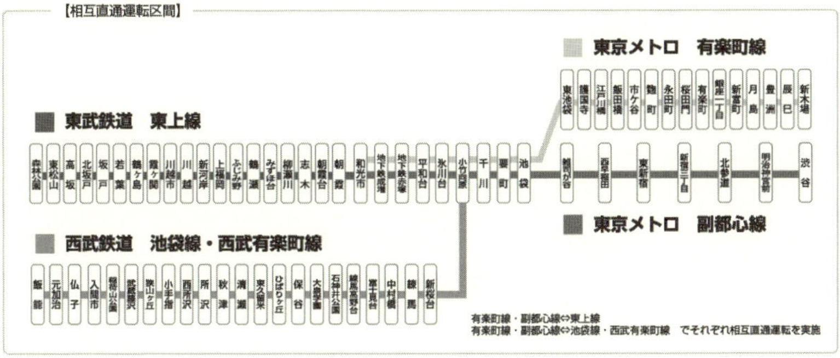

（出所：東京メトロ http://www.tokyometro.jp）

2、調査実施の概要

(1)　調査地域：首都圏（副都心線沿線エリアとその他の首都圏エリア）
(2)　調査対象：満15～69歳の一般男女個人

(3)　サンプル数：1,000人
　(4)　標本抽出法：電通リサーチ提携モニターより有意抽出
　(5)　調査手法：Eメール告知クイックリサーチサービス
　(6)　調査期間：2008年9月12日〜2008年9月16日
　(7)　調査実施委託機関：（株）電通リサーチ

3、調査内容の概要

　調査では、まず回答者属性に関して、年齢、性別、婚姻状況、職業、居住地域について尋ねた。そして、都市交通と百貨店消費については、主に以下の質問項目を設定した。

　①百貨店訪問時利用交通機関；
　②一度に訪問する百貨店店舗数；
　③利用百貨店エリア；
　④通勤通学途中百貨店立ち寄り回数；
　⑤百貨店利用重視点（交通に関して）；
　⑥副都心線開通前後各エリア（池袋・新宿・渋谷・日本橋・銀座・上野・
　　その他）百貨店訪問回数；
　⑦百貨店広告の接触媒体状況；
　⑧交通広告の影響度；
　⑨東急百貨店広告（朝日新聞夕刊2008年6月11日掲載）のイメージ；
　⑩副都心線沿線百貨店合同広告（読売新聞2008年6月14日掲載）のイメージ。

4、調査結果に関する考察

　ここでは、主な調査結果を以下のようにまとめる。
　(1) 首都圏の消費者が、百貨店へ訪れる際に最もよく利用する交通機関は電車や地下鉄である（図版7-2参照）。

図版7-2

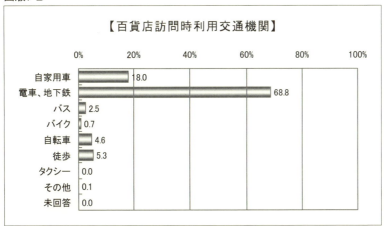

(2)「一度に行く百貨店店舗数」の質問に対して、一つの百貨店にしか行かない人は38.9％で、同時に2～3の百貨店に行く人は41.5％を占める（図版7-3参照）。

図版7-3

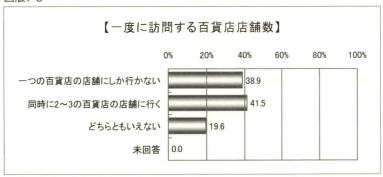

(3) 利用する百貨店エリアについて、一つのエリアにしか行かない人は66.4％で、複数のエリアに行く人は23.7％である（図版7-4参照）。

図版7-4

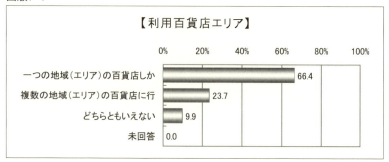

（4）百貨店利用の際に交通に関して重視するポイントとして、到着までにかかる時間が45.5％と最も高い（図版7-5参照）。

図版7-5

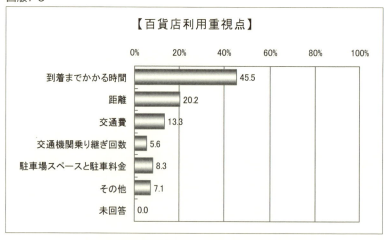

（5）副都心線開通前後の各百貨店エリア利用程度の変化について、「調査対象全体・副都心線沿線以外の首都圏在住者・副都心線沿線在住者・埼玉県和光市在住者」のグループ別に、月2回以上訪れた割合をまとめた。結果として、すべてのグループにおいて利用度が増加したのは新宿エリアのみである。四つのグループの中で最も変化が現れたのは和光市在住の消費者である（図版7-9参照）。

図版7-6

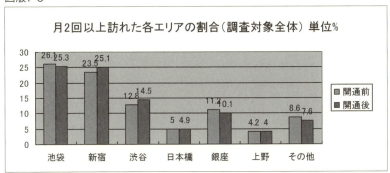

図版7-7

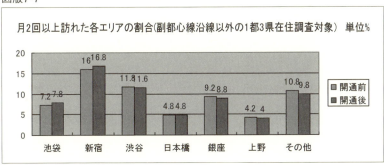

図版7-8

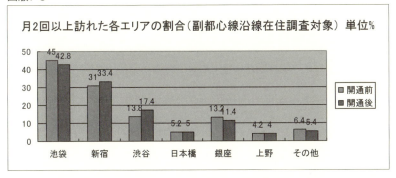

図版7-9

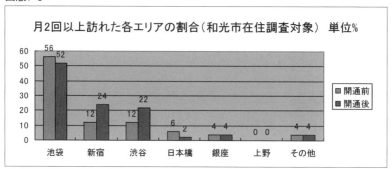

5、第7章のまとめ

　本章は、2008年9月に行った「都市交通と百貨店消費」をテーマとする調査による結果を元に、副都心線開通による周辺住民の消費行動の変化を明らかにした。首都圏の消費者が、百貨店へ訪れる際に最もよく利用する交通機関は電車や地下鉄である。また、「一度に行く百貨店店舗数」の質問に対して、一つの百貨店にしか行かない人は38.9％で、同時に2～3の百貨店に行く人は41.5％を占める。利用する百貨店エリアについて、一つのエリアにしか行かない人は66.4％で、複数のエリアに行く人は23.7％である。百貨店利用の際に交通に関して重視するポイントとして、到着までにかかる時間が45.5％と最も高い。最後に、副都心線開通前後の各百貨店エリア利用程度の変化について、「調査対象全体・副都心線沿線以外の首都圏在住者・副都心線沿線在住者・埼玉県和光市在住者」のすべてのグループにおいて、利用度が増加したのは新宿エリアのみである。四つのグループの中で最も変化が現れたのは和光市在住の消費者であることがわかった。

　公共交通ネットワークと百貨店消費の相互関係に関する考察では、東京での調査しか行わなかった。両都市の状況を比較するためにも、上海での現地調査が不可欠である。今後の課題として引き続き追求していきたい。

付録（アンケート調査票）

I 「都市交通と百貨店消費」について、あなたのお考えをお伺いします。

以下の質問文をお読み頂き、右の回答欄の該当する番号に〇印をお願いします。

質問文	ご回答欄
（全員の方に） 問1　百貨店へ訪れる際、一番よく利用する交通手段をお知らせ下さい（〇印はひとつ）。	1　自家用車 2　電車、地下鉄 3　バス 4　バイク 5　自転車 6　徒歩 7　タクシー 8　その他 （　　　　　　　　　　）
（全員の方に） 問2-1　あなたが百貨店を訪れる際、一度に行く店舗数はどの程度ですか（〇印は一つだけ）。	1　一つ百貨店の店舗にしか行かない 2　同時に2～3の百貨店の店舗に行く 3　どちらともいえない
（全員の方に） 問2-2　では、百貨店で買い物をする地域（エリア）はいかがでしょうか。あてはまるものをお知らせください（〇印は一つだけ）。	1　一つの地域（エリア）の百貨店しか行かない 2　複数の地域（エリア）の百貨店に行く 3　どちらともいえない
（全員の方に） 問3　あなたは通勤や通学の途中にどの程度百貨店に立ち寄りますか。あてはまるものをお知らせ下さい（〇印はひとつ）。	1　週0回 2　週1回 3　週2～3回 4　週4～6回 5　週7回以上
（全員の方に） 問4　あなたが百貨店へ行く際に、最も重視することを下記からお知らせ下さい（〇印はひとつ）。	1　到着までかかる時間 2　距離 3　交通費 4　交通機関乗り継ぎ回数 5　駐車場スペースと駐車料金 6　その他 （　　　　　　　　　　）

(全員の方に)

問5 東京メトロ副都心線が開通する前に、あなたは一ヶ月の間にどの程度下記エリアの百貨店を訪れましたか。月平均としてお知らせ下さい。(下の回答欄の該当箇所に〇印をお願いします。)

※東京メトロ副都心線は2008年6月14日に開業しました。

	0回	1回	2-3回	4-6回	7回以上
池袋					
新宿					
渋谷					
日本橋					
銀座					
上野					
その他					

(全員の方に)

問6 東京メトロ副都心線が開通した後に、あなたは一ヶ月の間にどの程度下記エリアの百貨店を訪れましたか。月平均としてお知らせ下さい。(下の回答欄の該当箇所に〇印をお願いします。)

※東京メトロ副都心線は2008年6月14日に開業しました。

	0回	1回	2-3回	4-6回	7回以上
池袋					
新宿					
渋谷					
日本橋					
銀座					
上野					
その他					

Ⅱ「交通情報を含む百貨店広告」について、あなたのお考えをお伺いします。

以下の質問文をお読み頂き、右の回答欄の該当する番号に○印をお願いします。

質問文	ご回答欄	
（全員の方に） 問7　百貨店広告（店内広告を除く）について、普段の生活の中でよく接触する広告を以下の中からお知らせください。（○印はいくつでも）。	1 2 3 4 5 6 7 8	新聞・雑誌 テレビ・ラジオ パソコンによるインターネットサイト・ブログ 交通広告（車内広告・駅ポスターなど） 折り込チラシ・通販カタログ・フリーペーパー 携帯のサイト・ブログ 屋外大型ビジョン その他 （　　　　　　　　　　　　　　　　　）
（全員の方に） 問8　あなたは、以下の中で、どの広告から最も影響を受けていると感じますか（○印はひとつ）。 ※広告貸切列車とは、広告が全て一社（一つの会社の広告）で統一された列車（鉄道車両）のことを指します。	1 2 3 4 5 6 7	中吊りなどの車内広告 車体広告 駅ポスター 乗車券広告 広告貸切列車やバス 駅チラシラックのチラシやフリーペーパー その他 （　　　　　　　　　　　　　　　　　）

問9　下の広告Aについて、あなたのお考えに最も近いと思われるものを、それぞれお知らせ下さい。

ここで広告A提示

広告例：東急百貨店広告（「朝日新聞 夕刊」2008年6月11日掲載）	非常にそう思う	ややそう思う	どちらとも言えない	あまりそう思わない	全くそう思わない
分かりやすい					
出かける際に参考になる					
タレントが気になる					
イベントが印象に残る					
レイアウト(情報配置)がいい					
文字が多すぎるので退屈である					
知りたい情報がある					
身近に感じる					
情報内容が詳細である					

目立つ、インパクトがある					
保存しておきたい					

問10　下の広告Aについて、あなたのお考えに最も近いと思われるものを、それぞれお知らせ下さい。
　　　ここで広告B提示

広告例：副都心線沿線百貨店合同広告（「読売新聞」2008年6月14日掲載）	非常にそう思う	ややそう思う	どちらとも言えない	あまりそう思わない	全くそう思わない
分かりやすい					
出かける際に参考になる					
タレントが気になる					
イベントが印象に残る					
レイアウト(情報配置)がいい					
文字が多すぎるので退屈である					
知りたい情報がある					
身近に感じる					
情報内容が詳細である					
目立つ、インパクトがある					
保存しておきたい					

Ⅲフェース設問

質問文	ご回答欄
（全員の方に） 問1　あなたの性別をお知らせ下さい。	1　男性 2　女性
（全員の方に） 問2　あなたの年齢層をお知らせ下さい。	1　15〜19歳 2　20〜29歳 3　30〜39歳 4　40〜49歳 5　50〜59歳 6　60〜69歳
（全員の方に） 問3　あなたはご結婚されていますか。	1　未婚 2　既婚（離別、死別を含みます）

（全員の方に） 問4　あなたのご職業をお知らせ下さい（○印はひとつ）。	1　労務・技能・販売・サービス 2　事務職 3　技術・専門職 4　経営者・管理職・自由職 5　商店・工場・サービス業の自営業者 6　大学生 7　高専生 8　高校生 9　中学生以下 10　主婦 11　その他 　（　　　　　　　　　　　　　　　）
（全員の方に） 問5　あなたの住所所在地をお知らせ下さい。	1　埼玉県和光市 2　板橋区 3　練馬区 4　豊島区 5　新宿区 6　渋谷区 7　上記エリア以外の首都圏地域

補論　現代広告文化漫談

第1節　説得的コミュニケーションとしての広告

はじめに

　広告はいろいろな顔を持っており、これを定義づけるのは非常に難しい。『広辞苑』には、「広告とは、広く世間に告げ知らせること。特に、顧客を誘致するために商品や興行物などについて、多くの人に知られるようにすること」と定義されている。一方、「説得とは、よく話して納得させること」と定義されている。消費者が受け取る広告は、単に商品に関する情報を伝えるだけのものではなく、商品を購入するよう消費者を説得しているものだと考えられる。つまり、他者の態度や行動を特定の方向に変化させることを目的とするコミュニケーションである。

I　説得の手段や方法

　説得の手段や手法はたくさんあるが、日本の広告の場合は、特に次のいくつかが挙げられると思う。

　第一に、感情的な物語を使って、消費者の心を動かす。日本の広告は、感情的な作品が多い。このような広告は、消費者を感動的な短編ストーリーの中に導き入れ、一緒に美しい思い出を創り出す。このような胸を打つ広告の例として、J-フォン（ヴォーダフォン）の「旅する姉弟」を挙げたい。幼い姉弟は二人で祖父の家へ向かう。しかし、駅のホームで何度も迷ってしまう。弟は母親へ電話するよう姉にせがむが、姉は決して電話しない。困難を乗り越えてついに祖父の待つ駅に到着した。そのとき初めて母親に無事に到着したことを報告する。この広告は、子供の「小さい冒険、大きい体験」という短編ストーリーを通して、子供にも安心して持たせることができる携帯を宣伝する。消費者は誰にもこのような体験があるかもしれないから、幼い時の

補論　現代広告文化漫談

思いと広告のストーリーは巧く繋がり共鳴を呼ぶ。

第二に、面白さを伝え、説得する。日本の広告は、非常にユーモアの要素を重視する。消費者が一旦広告の面白さを感じ取ったら、説得される可能性も高まる。たとえば、日本信販のニコスカードのCMでは、パーティーに出席した田村正和を樹木希林が美女から無理やり引き離し、ニコスで買ったスカーフやバラを田村正和に飾りつける。その後、口紅を取り出した瞬間、二人の間に微妙な緊迫感が漂うのが非常に面白い。筆者はこれを見て笑うと同時に、ニコスのカードのことも鮮明に記憶した。

第三に、言葉以外の説得術—CMソングを多用することである。広告の効果につながる多くの要素のうち、音楽は最も重要な一つだと思う。映像がないラジオCMは言うまでもなく、テレビCMにも音楽を利用することが大事だ。「GFKが965本のドイツのコマーシャルに対して行ったテストの分析では、音楽は好意に最も大きな影響を与える因子だという。これは人々を気持ちよくさせるポピュラーなメロディーの利用と関係がある。人々は音楽を楽しめば楽しむほどそのコマーシャルの効果は、再生においても説得においても高くなる」[1]。本章第5節に言及するサントリー烏龍茶のCMソングも代表的な事例だと言えよう。

第四に、著名人の口を借りて説得する。日本のテレビコマーシャルを観ると、多くの著名人が嫌になるほど頻繁に登場する。商品のターゲットによって、登場するタレントも違うが、浜崎あゆみのような著名人の影響力（特に若者層への影響）が大きいことは間違いない。こうした広告は、大抵著名人の口を借りて、商品を宣伝する。例えば、YAHOO BBのCMでは、広末涼子は笑顔で「BBしよう！」と繰り返している。

他にも、キャラクターの活用、ストーリーシリーズ広告など、さまざまな手法が日頃から目に入る。

1　フランツェン、1996、138-143頁。

Ⅱ 説得に生じる疑問

ここでは、広告における説得コミュニケーションのいくつかの疑問について考えたい。

第一に、不快感を与えられるナレーションには説得力ない。たとえば、ヤズヤの香酢のCMである。ダンスの練習を終えた少女たちが、白粥を食べに行く。みな白粥に香酢をかけて美味しそうに食べる。ここまでは、とても自然に「ヤズヤの香酢を食べると疲れを解消する、綺麗になる」というメッセージを伝えている。しかし、最後に字幕と同時に「中国の人は日本の3倍お酢を食べる」というナレーションが流れる。そのとき、思わず「そんなことがないよ！」と口から飛び出した。このCMが放送開始された後、筆者も日本人の知り合いからも、たびたび同じ質問をされた。「中国の人って、そんなにお酢を食べているの？」最初は「地方によって違うかもしれない」と説明したが、ついに諦めた。このような「3倍」とといった、はっきりとした表現や数字を使う時は、きちんとした根拠があるのかどうかを聞きたい、さらにどこからの研究データを使ったのも知りたいと思う。このような情報不足あるいは曖昧なナレーションには強い不快感を覚える。消費者に不快感を与えないことは、広告の鉄則であろう。そうでなければ逆効果しかないと思う。

第二に、わかりにくい広告に戸惑う。どのような広告がわかりやすいかと言えば、四つの部分に分けて考えられると思う。第一に、広告は広告主、商品のメッセージが分かりやすいか、またそのメッセージに共感できるかどうかは大事なところである。第二に、商品名が消費者の記憶に残るかどうかも重要である。第三に、広告で宣伝された商品がどんな特徴があるか、どのような特別な機能（性能）を持っているか、どこか魅力的なところか。第四に、広告を通して、企業のイメージ造りと商品のブランド造りができたかどうかのも、広告の原点のひとつではないかと思う。コマーシャル・コミュニケーションの学者であるジェイプ・フランツェンによると、「ほとんどの広告にとって、望ましい効果をあげるために最低限必要なことは、中心的メッセージが理解され、他の要素も好意的に理解されることである。（中略）広告というのは、

まさにダイナミックで相互作用的な過程である。」[2]。CMを見て、「このCMは、何を言いたいのだろう？」と思う時がよくある。このようなCMは、雑誌『CM NOW』には「何が言いたいのか分からないCM Best10」というランキング[3]がみられるように多い。

結びに

　他には、日本特有の「当社比広告」にも多少違和感がある。「当社比広告」について、企業は技術開発によって商品の進歩というメッセージを伝えるのは分かっているが、個人的にはあまり好きではない。どうしても信頼感が薄く感じる。また、新商品をPRのために自社の既有商品を否定あるいは貶めるという広告手法は、あまり効果的だと思わない。

第2節　文化の違いを超える広告

はじめに：「虹は本当に七色ですか？」

　ソニーの新世代・大画面ハイビジョンテレビ「ブラビア」のCMの中で、美しい自然風景を映しながら、「虹は本当に七色ですか？」の問いが流れてくる。おそらく日本人にとっては、虹が七色と決まっているかもしれない。しかし、言語学者の鈴木孝夫によると、世界中に「六色の虹」、「三色の虹」という考えを持つ人／民族も多数がいる[4]。異なった民族のそれぞれの文化に属す言語、神話、世界観、生活様式によって、虹の色が異なってくる。文化の違いを考える時は、いろんな角度或いは側面からたどることができるが、「虹の色」もまさにその一つであろう。同様に、広告を議論しようとすると、視点を変えれば、面白いに違いないだろう。ここで筆者が試みたいのは、今日の日本において、特に外国人の立場から、広告は言語をはじめ、宗教、歴史、環境、

2　フランツェン（1996）、190-191頁。
3　『CM　NOW』2003年3・4月号、50-51頁。
4　鈴木孝夫（1990）、第2章を参照。

生活習慣など文化の違いを超えているか？　そうでない場合はどうすればよいかを考えることである。しかし言うまでもなく、実際に日常生活の舞台に登場した広告は、最初から日本全人口の約１％にしかならない在日外国人[5]のために作ったものではないわけである。同じ広告でも、日本人なら何の違和感なく理解して受け入れたが、外国人にはまったく通じないことも多いだろう。この意味では、この広告が成功したか失敗したかの判定の点数をつけることはほぼ不可能だと思う。これも、以下の検討を展開していく時最も難しいと感じたところである。ところが、これはどうしても避けられない問題であるから、できる限り解決法を考えていきたい。まず、日本の広告の現状／問題点の所在を見てみよう。

Ｉ　文化とは差異の織物／過剰的に差異を追求する広告

　ドゥルーズ、デリダの説によると、テクストは諸差異[6]の織物である。これを借りて、構造主義的に文化及び広告を定義したのが浅田彰である。浅田は「文化とは差異の織物なのであって、差異が無ければ文化じゃないというわけ。（中略）広告とは差異化である」としたうえ、さらに文化と広告の関係について、「多種多様なものが違った面を見せてくれるからこそ、世の中、面白いわけでしょう。だから、広告を通じてさまざまな差異が生み出されてくることは、本来、とても心楽しいことなのです」[7]と指摘する。勿論、これを疑う必要はない。しかし、今日の日本の広告作りを見ると、「広告」というものは過剰な「差異追及」によって、文化という差異の織物に陥り、本来の目的が隠されて見え難くなっていると思う。これだけでは分からないかもしれないが、広告表現の面からもう少し具体的に考えていきたい。

　方法論的な視点を設けて広告（特にテレビＣＭ）を分析してきた内田隆三によると、「広告表現とはテクスト（文字や語りなどのよる言語的メッセージ）

5　外務省統計局のデータによると、2003年日本の全人口127,619,000人の中、登録外国人は1,915,030人である。
6　「差異」については、デリダ（1977）、ドゥルーズ（1992）を参照。
7　浅田（1984）、12-13頁。

とイメージ（映像や音響などによる象徴的メッセージ）の組み合わせであり、言葉と物の戯れである」[8]。これを広告媒体ごとに具体的に分析しよう。伝統的な紙媒体（新聞・雑誌・カタログなど）の場合は、文字を使った企業名や商品名、視覚的に美しい写真などが多用される。電波媒体（テレビ・ラジオなど）の場合は、キャッチコピーの他にCMソングやナレーションなどがあたりまえのように使われている。他に、空間媒体（展示会・ショールームなど）の場合は、できるだけ多くの商品を展示できるように展示品の陳列や展示外観の装飾が集客の大きなポイントである。

　以上の多様な広告表現は、媒体自身の限界性を除けば、一つの広告の中で複数に含まれることが「常識」のように見える。他の広告との差異を強調したいから広告表現の併用は理解できるが、重要なのは「量より質」であろう。例えば、15秒のCMの間に、全ての表現を取り入れ、テクストとイメージを組み合わせる場合は、受信側の消費者にとって情報の量は多過ぎるかもしれない（発信側は気付かないだけであるが）。そうすると、消費者はかえって広告が伝えたい「真の情報」が分からなくなる、最悪の場合は、その広告（勿論その後ろにいる企業も）に嫌悪感を持ち、遠ざけて行くことも有り得る。

II 「少し欠けたもの」が意外に有効？

　中国の儒者洪応明の『菜根譚』の中に、「花看半開、酒飲微酔」という言葉がある。日本語に訳すと「花は半開を看、酒は微酔に飲む」のことである。即ち、花を観賞するなら五分咲きのころ、酒を飲むならほろ酔い気分のあたりがよい。元々は「何でも思い通りになる、満ち足りた境遇にいる人は悠々にして傲慢になり、人から嫌われることが多い」という中国流「中流思想」であるが、広告に結び付けてみると、面白い解釈ができる。満開の花も勿論悪くはないが、五分咲きの花もまた風流なものである。つまり、「少し欠けているもの／未完成のもの」―広告は、もっと楽しめるのではないか。

8　内田（1997）、10頁。

文化の違いを超えて、誰でも楽しめる広告を作ろうとするなら、あえて「少し欠けたもの」にすることは意外に有効かもしれないと、筆者は考える。CM制作は、一般的には鮮やかな画像、印象的なCMソング、個性的なナレーションなどいろんな要素を出来るだけ「一体化」させて一つのコンテンツを作り出す。しかし、そこから一つか二つを削って作るのも悪くないかもしれない。音声においてはこの方法は意外なほど素朴(プリミティブ)である。目を引いたのは、SEIKOの「DESIGN YOUR TIME」のCMである。いつも聞こえているうるさいほどのテレビ音声が突然消え、時計の針が動く音だけ流れて来て、筆者が思わず画面を見てみると、駅に到着する電車、自転車に乗っている女子学生、一生懸命泳いでいる水泳選手、意識を集中するF1選手、弓道をする男性、生まれた赤ん坊などさまざまな人の表情が順番に映っていく。各場面が切り替わる瞬間には、何種類かの腕時計がゆっくり現れ、人間の幸福、歓喜、緊張、集中の瞬間を描き出す。そして最後、「DESIGN YOUR TIME」というコピーと「SEIKO」のロゴタイプが画面に浮かび上がる[9]。このCMを全体的に見てみると、CMでよく使う表現手法が「欠けて」いた。CMソングがない、ナレーションもない。唯一BGMと言ってもいいのは、時間の流れをリアルに再現する針の動く音である。今日の大衆社会において、広告と接すること（紙媒体広告を読む、CMを見るなど）はあまりにも日常的であり無作為のものなので、そこには殆ど「目的意識」といったものは見られない。したがって、何かをしながら広告と接する行為が非常に多いに違いない。だから、筆者はこのCMを、非常に単純な音で視聴者の視線をテレビ画面に向けさせることができた点で、この「少し欠けた」CMを評価したい。
　「少し欠けた」ポジションは決して否定的な意味だけにとらえられてはならない。無駄なく洗練された表現で商品の良さを消費者に伝えるのに、「少し欠けた」広告は新たな可能性があるだろう。おそらくここで「言いたいのは、広告作りは複雑より素朴(シンプル)の方がいいだろう」というような意見も出てくるか

---

[9] このCMは、http://www.seiko-watch.co.jp/press/cm.htmlで確認できる（2005年12月現在）

もしれない。しかし、筆者がここで強調したいのは、できる限り素朴(シンプル)がいいというわけではなく、重要なのはどれほどの素朴(シンプル)なら、適切な「欠けたもの」を作り出せるかということである。今日の日本においては、どうも広告の多くは差異を過剰に追求しているように見える。どこまで過剰な表現を削って、程よい「欠けたもの」にするかは、発信側である広告作りの関係者にとって大きな課題であり、受信側の一般消費者にとってもある種の期待であろう。

Ⅲ 特権的な記号としての＜身体＞による「共同体」からの脱出

　筆者は冒頭で、広告のよしあしを判定するのは難しいと悩んでいた。それは、判定の基準が曖昧だからだ。つまり、どういう前提或いは範囲に従って判定するかが定まっていないということである。この問題について、評論家の柄谷行人は既に「広告は、言語と同様に、一つの閉じられたシステムの中にある。広告の範囲というものは、ある文化、ある共同体に限定される」と見抜き、しかも広告の限界は「共同体の範囲を越えられない」[10]と言い切った。しかし、広告の限界は本当にそこまでなのだろうか。筆者はここで、はばからずに「共同体」から脱出する方法を考えたい。それは、＜身体＞の力(パワー)を借りることだ。

　内田隆三は「CM表現におけるもっとも特権的な記号は人間の＜身体＞である」と述べている。さらに、CM表現は人間の＜身体＞を多用される内在的な理由は「人間の＜身体＞がさまざまな映像技術やレトリックの活用にとってもっとも豊かな素材だからである。性や死の規範などにかかわる象徴的なコードやタブーの網の目が張りめぐらされており、それゆえ、その脱コード化や他のレトリカルな操作をほどこすための多様で興味深い可能性がひそんでいるからである」[11]と分析している。筆者はこれに加えて、人間の＜身体＞は、異なった「共同体」においても唯一「共通したもの」ということを強調したい。つまり、＜身体＞という特権的なものは正しく「共同体」から脱出する絶好の手段である。

10　柄谷 (1993)、279頁と302頁。
11　内田 (1997)、132頁。

身体表現を使った広告は数え切れないほど存在しているが、いくつかの具体例を見てみよう。例えば、アップルコンピュータiPodの広告は、身体表現を巧みに使う例である。このテレビCMと新聞広告を一緒に見てみよう。まずCMには、黒い画面の中、白いiPodを握る手が現れる。機体をひっくり返したり回転させたり、華麗に操ることで、その小ささと薄さを表現する。それで終わりではなく、画面にもう一つの手が登場し、iPodを触ろうとすると、最初の手は渡さない。そして、新聞広告の方は、見開き２頁を使って、真っ黒な空間でいろいろな角度から指先が握ったiPodを見せる。下の余白の大きさは、1,000曲も入るという容量の大きさを見事に表現している[12]。
　もう１本のCM―マクドナルドのクラブハウスマックを見てみよう。マクドナルドの店で、３人の体操選手がクラブハウスマックを真剣に見つめている。場面は一転、店から体育館の鉄棒審議場へ。先程の３人が一つの鉄棒で同時に回転している。最後は、先に着地した選手の肩に次の選手が着地、さらにその選手の肩に最後の一人が着地を決める。画面左には、３人の選手それぞれ着地するタイミングに合わせて、クラブハウスマックが積み上がっていく[13]。選手の３段重ねという驚くほど競技演出と、具たくさんの３段重ねのクラブハウスマックが、奇妙にうまく繋がって、思わず笑ってしまう。これなら、普段マクドナルドに行かない人も、クラブハウスマックを覚えてしまうだろう。
　＜身体＞という記号の「特権」の所在は、言語や文字などの記号の外部から作用できることである。言語や文字では通じない意味／イメージが＜身体＞を通じて伝えて来る。それは、無限大の力(パワー)である。この力(パワー)を上手く利用すれば、「共同体の範囲」を完全的に越えられなくても、脱出の小道が開いてくると思う。

12　『広告批評』2005年10月号17頁と11月号18頁を参照。
13　『広告批評』2005年９月号27頁を参照。

結びに　与謝野晶子の歌とこれからの広告作り

　何年か前、某赤ワインのCMの中で、歌人与謝野晶子の歌「やは肌のあつき血汐にふれも見でさびしからずや道を説く君」がCMソングとして使われたことがあったようである。しかし、外国人はさておき、歌をあまり知らない日本人でも、この歌と赤ワインの関係が理解できたのだろうか。せっかく広告作りに日本の文化から素晴らしい歌を取り入れても、理解されなければ、残念でしかたない。

　既に昔から、マクルーハンは情報の統合や均質化によって、壁も国境も情報格差もない電子部族社会が実現し、電子メディアの浸透によって世界はグローバル・ビレッジになると指摘してきた[14]。確かに、20世紀90年代後半から、インターネットなど新しい情報技術の発達により、世界中に存在しているさまざまな文化の違いから生まれたコミュニケーション・ギャップが縮んでいる。しかし、文化の違いを無視しても万人に理解される広告を作れる時代の到来はまだまだ先だろう。これからで重要なのは、文化の違いと向き合い、かつ差異さえ追及すればよいといった固定観念を見直し、程よく誰でも理解できるような広告を作ることだと思う。

第3節　環境問題と広告

はじめに

　地球環境問題は言うまでもなく、国境を越える課題である。日本に住む人にとって、それを最も実感できるのは、海を渡って飛んでくる黄砂であろう。また、地球環境問題は社会、経済、科学、文化、政治および外交など多方面に関る問題として、いろいろな視角から検討することができる。詩人の星野道夫は次のように述べている。「自然とは人間の暮らしの外にあるのではなく、人間の営みさえ含めてのものだと思う。美しいのも、残酷なのも、そして小

14　マクルーハンの理論について、マクルーハン（1987）及びマクルーハン・カーペンター（1981）を参照。特に後者の中にある「メディアの文法」を参照されたい。

さなことから大きく傷ついていくのも自然なのだ。自然は強くて脆い」[15]。ここでは、環境とメディア、とりわけ環境と広告との関係を考えてみたい。

I　エコノミーとエコロジーを両立するオブジェ

　本論に入る前に、ここで考察する対象としての広告とは何であるかを明らかにする必要があるだろう。産業革命以来の経済発展は、地球環境の破壊と直接につながっている。そのためその担い手である企業はよく批判の対象となってきた。しかし、21世紀の現在において、企業に対する批判は無意味のように思われる。なんと言っても環境が破壊されれば生きていけないのと同様、経済の成長がなくても生きていけない。企業の罪を問うことより、むしろその生産、経営活動を環境保全活動に転換させることこそ有意義である。しかし、言うまでもなく資本主義の仕組みでは、企業活動の最大目的は利潤を追求することである。したがって、企業が広告を出すことも売り上げを増加させるための手段にすぎない。現代社会での商品販売は、広告の作用は言うまでもなく重要である。岩井克人によれば、すなわち「資本主義社会においては、人は消費者として商品そのものを比較することはできない。人は広告という媒介を通じてはじめて商品を比較することができるのである」[16]ということである。ところが、地球資源の限界性を含め、環境問題の悪化そのものが経済成長を制約することになりかねない。20世紀90年代以来、企業が地球環境と自己利益は切っても切れない関係であり、環境問題を無視して企業の長期的な成長もできないという持続可能性[17]（サステナビリティ）に対する認識を持ち始めた。経営コストダウン、自社イメージアップという目的から、環境問題に取り組んだ広告が登場した。筆者は企業（商業）広告でありながら、環境問題を重要ポイントとして取り入れる広告は、エコノミーとエコロジーを両立するオブジェ

15　星野（2003）、259頁。
16　岩井（1985）、105頁。
17　日本新聞協会新聞データアーカイブの用語集によると、持続可能性（サステナビリティ）とは、企業が環境保全、経済的成長、社会的公正など各側面で配慮し、調和の取れた活動を進めることによって社会や地球全体の持続的発展を目指す考え方である。

だと考える。これを、「企業環境広告」と名付けて、ここでの考察対象とする。

II　先端を日常へ

　新幹線に乗ると、よく「先端を日常へ　サプライズ　積水化学」という広告を目にする。このキャッチフレーズには、企業環境広告作りの困難な点とその解決法がひそんでいると考える。筆者の独断的な解釈では、このコピーからは二つの意味が読み取れる。一つは、先端技術によって生活用品を作るということ、或いは先端技術の日常生活での応用ということである。もう一つは、先端が日常の一部であり、誰にでも理解できるものであり、一般に敬遠されがちの先端技術も身近な物や日常的な表現を用いれば、理解可能になるということである。企業環境広告の特徴の一つは技術要素をふんだんに取り込むことである。しかし、目に見えないものや難解な理論を説明する時、どうしても冗長な文章や図表、数字のデータに頼りがちになる。この際、誰でも知っているものを例示して伝える方法は有効であろう。ここでは、松下電器の「ECO通信」広告を見てみよう。この広告は「通信簿」という日常生活でよく見かけるものから企業、とりわけ工場の現場状況をありのままに伝えている。「社員食堂のてんぷら油を、製品を運ぶトラックの燃料に」という一語で企業が進めている「製品を運ぶときも環境に配慮」というグリーン物流活動の一面が現れてくる。企業がてんぷら油を燃料に精製することは先端技術でありながら、てんぷら油という身近なものの変化を通して分かりやすく伝えられている。また、広告全体は、薄い色調でソフトな雰囲気を生み出し、工場の硬いイメージを和らげ、一般人との間の距離を縮める。またこの広告は読者への手紙のように作られているため、次の最新報告にも興味が沸き起こる。

III　樹、蝶、花、太陽、魚──広告創りの原点への回帰

　ここまでは、日本の広告を具体例として見てきた。企業環境広告を作ることは、一般商業広告より難しいであろう。難解の技術内容を分かりやすく伝

えることは勿論、特定製品の宣伝でない場合は、明確な説明対象が存在しないため、「平凡」な広告になりがちである。日本で普段目にする企業環境広告と言うと、やはりどの広告でも通用する常套句で語っているものが多いと感じる。企業環境広告の公共性と商業性は「広告」というメディアの上で成り立つ。そのため、まず何よりも「広告」でなければならず、広告創りの原点へ回帰しなければならない。ここで筆者が考える広告創りの原点はインパクトである。広告は「瞬間の芸術」と言われているように、瞬間的に人々の心を掴むことが大事である。15秒のテレビCMは勿論、繰り返し読める新聞も例外ではない。新聞はテレビと違って読み返すことが可能であるが、新聞広告面を最初から読もうと意識している人は少ないはずである。極端な言い方をすると、新聞広告の成否はページをめくる動作の一瞬に問われるのだと筆者は考える。ページを開いた瞬間に目をとめてもらう勝負するために、インパクトが必要なのである。インパクトの産出は、強烈な表現と新鮮な発想は欠かせない。とりわけ、ここで論じている企業環境広告にあたっては、個性が溢れ、「遊び心」を込めた瞬間的芸術品でなければ、人目を惹けない。

ここで英国の新聞The Guardianに載せたVEOLIA社のシリーズ広告[18]を見てみたい。VEOLIA社は水を中心に扱う総合環境企業である。このシリーズ広告は2006年6月から11月にかけて、企業の主な事業を環境との関連から紹介したものである。このシリーズ広告の共通のキャッチフレーズは「貴方は○○が見えますか？」であり、使用した図像は全て空中から撮影した写真である。そして、地面にある道路、建物、池、畑によって樹、蝶、花、太陽、魚の輪郭を描き出し、奇妙な風景が目の前に現れる。そして、写真に添えている説明文を読んでみると、なんとキャッチフレーズのキーワードに相対する単語が説明文の中にはめこまれ、企業のいくつかの事業について語っている。すなわち、樹の循環機能の比喩で水の浄化、提供という企業の事業を説明し、蝶の飛行から輸送事業を語る。また、花の開花に廃棄物の再生、太陽

18　文末資料参照。VEOLIAのシリーズ広告はhttp://www.veoliawater.comで確認できる（2006年12月現在）。

から電気や熱エネルギーの生産を喩える。最後に、魚の形の池（筆者には水処理場と見える）を通して、企業のメイン事業である水処理を説明する。

　このシリーズ広告の特徴はなんと言っても写真のインパクトが伝える新鮮さである。広がる市街地や平原に現れた巨大な「樹、蝶、花、太陽、魚」を見て、読者は驚きながら、いったいどういうことであろうと思い、思わず説明文を読んでみる。このように写真を巧みに生かして読者にインパクトを与える広告は日本にもある。例えば、活字印刷をメイン事業の一つとするキヤノンはその一つである。キヤノンの「グリーンランドの氷山、ひと塊ぶんのCO_2」広告は、迫力のある氷山を映している写真に全スペースの半分以上を使い、それによって説明文がやや長いという欠点をカバーすることを可能にしている。同時に、「CO_2の約6320トンの排出削減は、高さ約24mの氷山を守ったことになります」という企業の地球温暖化対策の成果もうまく伝えている。日本では、このようなインパクトのある企業環境広告は、まだ少ないと思う。企業の伝えたい理念をインパクトのあるシリーズ広告の手法を用いて、少しずつオーバーラップさせ、総合企業の多岐にわたる事業を宣伝することは可能である。

Ⅳ　「神様」から「パートナー」へ──消費者の変身を呼びかけよう

　地球環境問題と言うと、その背景には各国間の政治、経済的利害だけでなく、歴史、文化的要因も関係しているため、その内容は非常に多様である。このような複雑な課題への取り組みについて、遠藤堅治は「技術革新や社会システム転換ばかりではなく、ライフスタイルの転換にかかっている。とりわけ、市民セクターにおける取り組みが肝要である」[19]と述べている。すなわち、企業が単独でできることは限られているなか、いかに多くの人々に地球環境に関心を持ってもらうかが重要である。しかし、実際に環境破壊を感じる機会は少なく、特に自然環境から隔離された都市に暮らす人々はその感覚が鈍く

19　遠藤（2002）、377頁。

なっている。一市民のレベルでは、具体的にどういう行動を取ればよいか分からない。都市住民にとって、草や花、樹などよりも毎日使っている電化製品や各種サービスの方が地球環境とのかかわりを実感しやすいのではないか。そこで、商品販売を目的とする企業環境広告は製品を紹介すると同時に、一般消費者を啓発し、互いに環境情報を共有しあうという重要な役割を担っていくことになる。つまり、環境保全についてよく知らない消費者にその方法を知ってもらい、日常生活でできることからやってもらおうという情報や機会を提供することが、企業環境広告の公的使命である。

　日本では、京都議定書の目標を達成するために立ち上げられたプロジェクトチーム・マイナス６％では、CO_2削減のために、「ACT６」が提案されている。すなわち、冷房は28度、暖房は20度にしよう、蛇口はこまめにしめよう、エコドライブをしよう、エコ製品を選んで買おう、過剰包装を断ろう、コンセントからこまめに抜こうという六つのアクションである。このすべてを集大成として一般人に伝えるのは、「うちエコ」という広告である。この広告では、「家はエコの宝庫だ」というキャッチフレーズを前面に出して、家という限られた空間の中でいつでもできることから環境問題に取り組もうというメッセージを発信する。勿論、各社の製品も紹介される。１頁の広告で複数の企業の製品を宣伝することも広告資源の有効利用だと思われる。

　勿論、エコ製品を買って、家の中で地球にも財布にもやさしい毎日を過ごせるだけではなく、もっと広域な空間での環境保全活動の呼びかける企業環境広告も多数はある。ここで三菱商事の広告「サンゴ礁篇」を見てみたい。商社の事業は、一般消費者と直接的なつながりがないため、あまり知られていないことは事実であろう。自社イメージアップという出発点から始まった三菱商事のシリーズ広告は、企業がいろんな側面で取り組んだ社会活動を紹介している。「サンゴ礁保全プロジェクト」はその一つである。この広告で注目したいのは、その「産、学、民が一体となって、研究者、市民、三菱商事社員がボランティアとして参加する」プロジェクトの特長のアピールという点である。とくに、小文字であるが、ボランティア参加の問い合わせ方法

など具体的な接するルートも漏れなく記していることを評価したい。この広告は、市民と企業が共有して、一緒に考え、一緒に行動していく姿勢を鮮明に表明している。つまり、企業の神様と呼ばれる消費者に、企業とともに環境問題を考え、解決の実践を踏み出すパートナーに変身しようと呼びかけている。

結びに

　時代の変化とともに、企業の意識は変わる、企業環境広告も進化しつつある。、メディアの多様化に応じて、広告の表現形態も多彩になってゆく。たとえば中部電力の「TVCM紙上再放送」や松下電器の「番組予告」など、以上で論じていなかったテレビCMと連動する広告もしばしば目にする。しかし最後に明示的に触れなかった問題を、一つ付け加えておきたい。それは、グリーンウォッシュ（greenwash）[20]ということである。すなわち、どんな企業でも、ただのパフォーマンスで表面的な環境取り組みをしているだけでは現代社会では通用しないのである。企業に求められるのは、短期的な売り上げにかかわらず地道な環境保全活動を継続していくことである。勿論、広告はこの転換過程において、正しく利用されることも悪用されることもどちらの可能性もある。言うまでもなく、企業環境広告の前提は、うそ偽りがないことである。

　冒頭では、星野道夫のエッセーを引用した。写真家としてのフォトや、エッセイストとしての随筆など、彼の作品を見るたび、どこか遠いところから、忙しい毎日を過ごすわれわれに何かを静かに訴えてくる気がする。それは、自然（環境）と人間をつないて一体となるものである。安川良介は、環境問題を改善するために、技術、制度、意識という3柱以外にコミュニケーションという第4の柱も欠かせないと主張している[21]。広告はこの第4の柱を働か

20　グリーンウォッシュ（greenwash）という言葉の由来について、二つの解釈はある。一つは、『ジーニアス英和大辞典』（大修館書店、2001）の961頁にある説明のように、green＋brainwashから作られた造語で、環境保護への支持を示すために企業が行う環境広報活動ということである。もう一つは、whitewash（うわべだけのごまかし）のwhiteをgreenに置き換えた造語で、みかけだけの環境上の取り組みということである。後者は、企業の見せ掛けだけの環境取り組みを批判する場合に多用されるようである。
21　安川（2004）、177-178頁。

す最適な「担体(キャリアー)」である。これから、技術を普及させ、制度を機能させ、意識を高めさせるためには、企業環境広告がますます重要な役割を果たすだろう。

資料リスト（掲載日付順）
日本：
1、 松下電器「ECO通信　てんぷら油篇」（日本経済新聞2006年7月19日）
2、 三菱商事「サンゴ礁篇」（日本経済新聞2006年8月22日）
3、 松下電器「ECO通信　ゴミゼロ工場篇」（日本経済新聞2006年8月30日）
4、 チーム・マイナス8％「うちエコ」（朝日新聞2006年11月6日）
5、 中部電力「TVCM紙上再放送」（中日新聞2006年11月19日）
6、 キヤノン「グリーンランドの氷山、ひと塊ぶんのCO_2」【朝日新聞2006年11月20日】
7、 松下電器「番組予告」（日本経済新聞2006年11月23日）

英国：
8、 VEOLIA "Do you see a tree?" (*The Guardian* June 24 2006)
9、 VEOLIA "Do you see a butterfly?" (*The Guardian* October 2 2006)
10、 VEOLIA "Do you see a flower?" (*The Guardian* October 9 2006)
11、 VEOLIA "Do you see a sun?" (*The Guardian* October 23 2006)
12、 VEOLIA "Do you see fish?" (*The Guardian* November 6 2006)

第4節　国際平和と広告

はじめに

「国際平和と広告」というテーマは、一見広告論から少しかけ離れていると思うかもしれない。しかし、平和が人々の社会価値観という共通意識のあり様と切り離して存立し得ないのと同様に、広告も社会価値観の形成と深い結びつきを持っている。ここでは、まず平和と広告の関係を俯瞰し、実例を

取り上げながら、平和をテーマにした広告の類型を考察する。次に、広告における「平和作り」の新たな可能性について、スポーツという接点を取り入れることを提案する。最後に、具体例の分析を通じて、広告における平和とスポーツの結びつきのプロセスを提示する。よって、広告における平和を伝える有効性と新たな可能性を浮き上がらせる。

I 平和と広告

　平和をテーマにした既存広告を考察する前に、「平和」とは何か、そしてその概念と広告の関係について考えてみたい。初瀬隆平は、辞書や新聞紙における「平和」や「戦争」などの表現の意味を比較し、「平和のイメージが多様であり、平和の概念は多分に多義的である」[22]と述べ、平和の概念が決して一義的ではなく、多次元の成分から構成されていると論じた。したがって、現実世界における「平和」の具体的概念を提示すること、さらにその範囲を確定することは困難であろう。広義には、戦争やテロだけでなく、貧困や飢餓、核問題、さらに文化帝国主義、情報格差、男女平等など、あらゆる問題が国際平和と関わっている。その範囲は非常に不明確であり、且つ広いものである。広い周縁性を持つ平和の根底にあるのは、世界中の人々が共有する問題意識、つまり共通の社会価値観であることに違いないだろう。

　一方、広告の機能に関しては、一般的に商品情報の提供や消費欲望の創出、企業のイメージアップなどが言及される。しかしチャールズ・ヤンが指摘したように、「広告活動は、企業に対する貢献と、社会全体に対する貢献とを、同時に行なえるように展開されなければならない」[23]のである。とりわけ、情報化した現代社会では、広告は人々が共通する社会価値観の形成においては、重要な働きを果たしている。

　以上のように、平和と広告は、「共通的社会価値観」という側面を共有していると思う。すなわち、仮に共通的社会価値観を平和の根本的内容とすれ

22　日本平和学会編集委員会（1983）、228頁。
23　ヤン（1973）、頁。

ば、広告はそれを実践・実現する手段である。広告を通して、平和という問題意識を人々に伝え、共通的社会価値観が形成される。また、前述した平和の概念の多様性から、平和をテーマにする広告も多様となり、広範囲にわたるではないかと考えられる。むしろ、その多様性と広さからこそ、新たな可能性が見出せると考える。

Ⅱ　平和をテーマにした広告

　平和をテーマにする広告における新しい手法を探る前に、有名な広告から、その類型を見てみよう。

　まず、もっとも直接的に「平和」を呼びかける類型として、反戦（意見）広告が挙げられる。有名な広告の一つに、ベトナム戦争が泥沼化してきた1971年に、Help Unsell The Warという団体によるポスター広告がある。この広告のなかで、ボロボロになったアンクル・サムが手を伸ばして、「I WANT OUT（もうやめたい）」と言う。有名な「I WANT YOU（君がほしい）」を下敷きに、当時のアメリカ国内の気分を映しとっている[24]。ほかにも、湾岸戦争開始後の1991年3月、日本の市民団体が軍事力による紛争解決を批判し、憲法の「戦争放棄」を意見広告としてニューヨーク・タイムズに掲載した例はある。近年の例では、2002年5月の朝日新聞に市民団体による「有事法制」に反対する意見広告が掲載された。

　以上のような意見広告のほとんどは民間団体によるものだが、国による「政府広報」もある。例えば、2007年4月に日本の全国紙やブロック紙に外務省による「日中文化・スポーツ交流年に参加しませんか！」という呼びかけの広告である。これは、2007年が日中国交正常化35周年、そして「日中文化・スポーツ交流年」であることにちなんで作られたものである。さらに、その後の9月に、日中両国の新聞に同時掲載された広告がある。その広告では、周恩来と田中角栄が握手する歴史的な写真が大きなスペースを占め、「中国

24　『広告批評』227号131頁参照。

補論　現代広告文化漫談

の友達はいますか？　日本の友達はいますか？」というキャッチフレーズで、「友達をつくろう」と呼びかけている[25]。

　同じように、民間広告でも「日中友好」をテーマにしたものがある。それは2007年8月5日の日経新聞に掲載されたキャノンの「私が見つけた中国」フォトコンテストの広告である。この広告では、カメラを手にしたパンダが「あなたも撮っチャイナ」とフォトコンテストへの参加を呼びかけている。とてもシンプルな考案であるが、パンダの可愛らしさと言葉遊びのキャッチフレーズがユーモアを感じさせる。

　上述の広告例は全て活字媒体に掲載されたものであるが、テレビCMにも目を向けてみたい。2007年に中国線就航20周年を迎えた全日空は、シリーズ広告で「ANAの中国線」を大大的に宣伝した。パンダの模様をモチーフにした機体が注目されるなか、日中友好のムードを上手に活かしたCMも登場した。飛行場をバックに、ANA中国線就航20周年というニュースを、内田恭子アナウンサーが中国語で伝える。途中、「似合っていますか？」とチャイナドレス姿を見せびらかして、通訳の女性に発音を直されながら「20周年ということでいろいろ企画されています」と報告する[26]。この広告では、人気アナウンサー内田恭子のチャイナドレス姿が注目される。また、中国語発音のところは面白さを増し、広告全体の雰囲気を和らげる。そして、最後の「いろいろ企画」というキーフレーズは、利用者の期待を膨らませる。このCMは、日中友好という総体的なムードのなかで、「ANAの中国線」というもっとも重要なPRポイントを自然に表現した。

　一般の商品広告は、「平和」という要素を商品（その優位性及び付加価値）と直接結びつけることが困難であり、「平和」を織り込む例は希有であると思われる。しかし、日立の「つくろう　地雷除去」篇という広告は、見事に平和という要素を取り入れ、自社商品の特性を表現している[27]。子供たちが

25　『広告批評』320号27頁参照。
26　『広告批評』313号17頁参照。
27　『広告批評』312号13頁参照。なお、このCMはhttp://www.hitachi.co.jp/advertising/tsukurouで確認できる（2007年12月現在）。

元気に走る小学校、大人たちが働く農場は、かつて地雷原であった。ショベルカー型の重機械が地雷除去作業に当たる映像が流れるなか、ナレーションが、日立は地雷除去機を開発した際、地雷を除去するだけではなく、その後の土地整備にも使えるよう商品を開発したことを伝える。そして、子供たちが自分の描いた絵を両手で揚げて、満面の笑顔を見せる。最後に「つくることで生まれる笑顔がある限り」の一言で締めくくられる。このCMの活字バージョンも各全国紙に掲載された。日立の「地雷除去」篇は、地雷除去された後の跡地につくられた学校や農場、そしてそこで笑顔で暮らす人々の姿を通して、「ものづくり」によって手に入れた平和な生活を反映し、日立の社会貢献への姿勢と成果を伝えている。

　以上、いくつかの最近の広告例を中心に取り上げながら、平和をテーマにした広告の類型を考察してきた。しかし、広告全体からみれば、平和をテーマにした広告、或いは平和の意味が込められた広告はやはり少数である。最近の公共広告を見ても、環境問題をテーマにしたものは目立つが、直接国際平和を告げるものは少ない。平和をテーマにする広告は、より多角的なアプローチ、さらなる新しい手法を考える余地がまだ多く残されているといえよう。

Ⅲ　広告における「平和作り」の新たな可能性：スポーツという接点

　それでは、平和をテーマにする広告を作るときの新しい手法を考えてみよう。広告作りには、常に新しい要素をコンテンツのなかに取り込むことが大事である。日立の「つくろう　地雷除去篇」は自社商品の特色を見事に平和建設という社会貢献活動に結び付けた。しかし、このような特殊商品を生産するメーカーは少数であろう。一般商品に関しては、より普遍性のある要素（共通する或いは共通しやすいもの）と結びつけることが要求される。ここで筆者は、スポーツという接点を取り入れることを提案したい。大衆的な色彩が濃いスポーツという要素を広告作りに取り入れることによって、消費者は一般商品の広告からでも平和というメッセージを受け取ることが可能になるというのが、筆者の考えである。

Ⅳ　広告におけるスポーツと平和との結びつき

　では、一般的にスポーツ関係広告が伝えるメッセージはどのようなものであろうか。よく見られるのは、スポーツ用品や飲料水、そしてスポーツ観戦用ＡＶ機器の広告である。そこに現れるのはスポーツ選手やスポーツイベントの場面である。これらの要素をさりげなく広告のなかに取り入れる理由は、おそらくわれわれの持つある種定着した考え方にあるかもしれない。現代国際社会において、スポーツを通じて、国際平和的な協調をはかろうとすることはごく一般的である。とくに「平和の祭典」と呼ばれるオリンピックはその代表的な例であろう。多木浩二は、スポーツとナショナリズム、スポーツと政治などの側面から問題を提起しながらも、「オリンピックはあきらかにスポーツの政治的中立性を理想に挙げながら、国際的に平和な関係を目指した最初の試みであったことは認めるべきであろう」[28]と述べている。オリンピズムの根本原則のなかにも「オリンピズムの目標は、スポーツを人間の調和のとれた発達に役立てることにある。その目的は、人間の尊厳保持に重きを置く、平和な社会を推進することにある」[29]と書かれている。確かに現代社会の人々にとって、ある面「スポーツと平和」というイメージは漠然と定着しているかもしれない。しかし、そもそもなぜ広告のなかでスポーツと平和は結びつくのであろうか。これを明らかにするために、次の具体例を見てみよう。

Ⅴ　一つの例証：時空を超えて見える平和

　より具体的に広告におけるスポーツ要素と平和のイメージとの結びつきを考察するため、SEIKOの広告「時を越えて」篇[30]を見てみたい。当時、世界陸上大会が大阪で開催された。SEIKOは、大会の関連番組を提供し、8月

28　多木（1995）、66頁。
29　（財）日本オリンピック委員会（2005）参照。
30　SEIKOの「時を越える」篇は、http://www.seiko.co.jpで確認できる（2007年12月現在）。

25日から9月2日かけて集中的にCMを放映した。また、同じ内容の新聞広告も各紙で掲載された。CMでは、一人の市民ランナーがいつものようにグランドでジョギングをしている。ふと、隣に居るはずもない瀬古利彦選手の姿がある。戸惑いながら、彼はスピードを上げ、瀬古選手を追い抜いていく。次に現れたのは、有名ランナーの君原健二選手。君原選手も抜き去っていたら、今度はフランク・ショーター選手だ。ショーター選手の背中を必死に追いかけ、そして追い抜く。次々に現れるかつての有名選手と競い、彼らを追い抜いた後、ストップウォッチを止め、ジョギングを終える。この広告は、市民ランナーの日常生活の一場面を舞台として選び、スポーツ史上の有名ランナーと競うという現実ではあり得ない出来事を描いた。これは、現実と幻想を交差させ、不思議な世界を描き出している。この広告の最後は「記録は、私の言葉だ」というキャッチコピーである。計時競技における「記録」が、時間や国境を問わず、時空を越えてあらゆるアスリートたちが語り合うことができる「言葉」であり、さらにアスリートのみならず、世界中の人々に感動や歓びをも与える「万国共通言葉」であるというコンセプトを伝えている。かつて多くの人々に感動を与えてきた往年の有名ランナーたちが走る映像を、CGを駆使して巧妙にCMに取り込んだ点も注目される。

　筆者は世界陸上大会期間中に放映されたこの広告を見て、SEIKO時計の精密さという商品イメージ、そしてSEIKOが国際計時競技をサポートする企業理念を感じ取った。しかし、筆者はこれらに加えて、平和というメッセージをも受け取ったのである。このように感じたのはなぜだろうか。ここでは、ジョン・フィスクが「テレビの記号」を論じた際に用いた「意味作用の三段階」[31]という理論を使って、SEIKO広告から平和的意味要素を読み取れたプロセスを探ってみたい。簡潔に説明するため、次の表を用いる。

　スポーツ（とくに国際的な競技大会など）は平和とつながっているという筆者の無意識に基づく心理的働きや、テレビ映像という強いインパクトによ

31　フィスクほか（1991）、50頁。

段階	意味作用の三段階	車の例	SEIKO広告
I	記号そのもの、個々のものを意味する	車、くるま、KURUMA、car、写真に映っている車	ランナー、ストップウォッチ、青空、グランド
II	一連の文化的意味と出会う	自由、移動、男らしい、価値、財産	競争、外国人、正確性、時空
III	第二段階で発生した一連の意味が凝集して、ある一貫した系統だった見解となる	産業的・物質主義的	平等、国際、友好、平和

（出所：筆者作成。）

る影響も加わったとも言えようが、上の表で示したように、SEIKOの「時を越えて」の広告は、個々の人物やもの、そして全体にわたる環境、空間の雰囲気などから、まず「競争や外国人、正確性」というようなスポーツに関する一連の意味を視聴者に呼び起こさせるものである。そして、このような一連の文化的意味から、「平等、国際、平和」というある包括的な文化的見取り図を個々人の内に形成させると言えるのではないか。このようなプロセスを経て、筆者の無意識下ではSEIKOの商品と企業理念を認識したが、それだけにとどまらず、スポーツを通じた国際平和というメッセージも受け取っている

　無論、スポーツ関係広告におけるイメージは、平和だけではない。ほかにも、競争、平等、健康、人間の身体美などさまざまである。しかし、これらの種々のイメージも平和と何らかの関連性を持っているだろう。スポーツにおける言語や国籍を超えた訴求力は、広告作りにとって重要な価値がある。計時競技における「記録」は時空を越えた「万国共通言葉」である。この「万国共通言葉」を「平和」という「万国共通価値観」として考えるならば、「平和」は人々が共通して大切にしているものである。さらに言えるのは、現在地球上にはワールドカップ・サッカーやオリンピックよりも共通性と共有性を有する出来事はないだろうということである。スポーツは、ネーションという枠組みだけでなく、異なる文化圏に所属するイデオロギーの相違をも超えて、全人類における共通的価値観を形成する。言い換えれば、「万国共通価値観」

を踏まえて作られた広告には、「平和」を抜きにして語ることはできない。

結びに

　中国古典『論語』の「顔淵篇」のなかに、「四海の内、皆兄弟なり」という言葉がある。これは、もともと礼儀のことを指した表現であるが、今日ではよく「人々は、共通の目的や理念をもって行動すれば、無差別・無条件に親しくなれる」という意味で使われている。グローバル化した現代社会にいるわれわれは、様々な国や民族の人々と一緒に暮らしている。「四海の内、皆兄弟なり」という言葉は、国際社会のなかの人々が仲良く付き合うための合言葉として考えてもよいだろう。そして、スポーツなどの身近性、共有性をもつ要素を取り入れ、平和というメッセージを発信する広告も一種の合言葉である。これから、このような国際平和を告げる合言葉としての広告を作っていくことは、人類の明るい未来につながる有意義なことであると信じている。

第5節　日本の烏龍茶広告にみられる中国的文化要素

はじめに

　日本に住んでいる中華圏出身の人は、「やはり烏龍茶が好きですか？」と聞かれることが多いだろう。2015年3月、日本のコカ・コーラから発売された新商品「日本の烏龍茶　つむぎ」のテレビCM「登場」篇のなかで、三谷幸喜は次のようなセリフを言う。「私は知らなかった。烏龍茶の秘密。烏龍茶といえば中国。そんなイメージしかありませんでした」。このCMは国産烏龍茶の発売を宣伝するものだが、そこにも「烏龍茶といえば中国」という説が使われている。しかし筆者は、来日以前はよく烏龍茶を飲んでいたといった記憶はない。これはおそらく筆者だけでなく、多くの中華圏出身者に共通することだろう。確かに烏龍茶は福建や台湾など一部の地域でよく飲まれているが、中国大陸の多くの地域では主に緑茶や花茶を飲む。では、なぜ日本人の多くは「烏龍茶＝中国」と認識しているのだろうか。その理由はおそらく、

日本のメーカーによる烏龍茶の広告と関係があるのではないか。

　日本語による烏龍茶広告は、早くは大正時代、当時日本の植民地であった台湾で登場した。たとえば、『台北市茶商同業公会会史』には当時印刷された「広告票」が収録されており、烏龍茶の飲み方が詳細に紹介されている。ほかに、1925年5月26日の『台湾日日新報』にも「烏龍茶的特色與使用方法」という記事が見られる[32]。現代の日本の烏龍茶の広告は、主に1980年代から大手飲料メーカーのサントリーによって手掛けられてきた[33]。興味深いことに、サントリー烏龍茶の広告には中国的な文化要素が非常に多く織り込まれている。これは日本において「烏龍茶＝中国」という図式が定着した理由の一つではないだろうか。以下、サントリー烏龍茶の広告にみられる中国的文化要素を、事例を挙げながら探ってみたい。

I　中国語のセリフや歌、中国風メロディーが作り出す雰囲気

　サントリー烏龍茶のCMは、中国の生活の一場面、中国語のセリフや歌、中国風BGMなどが多用されて作られている。その異国情緒ゆえに、サントリー烏龍茶のCMソングは度々話題となり、2003年、13年分のCMソングをまとめたCD「チャ」が発売され、注目を集めた。サントリー烏龍茶のCMソングについて、ジャーナリストの高橋康雄は、次のように指摘している。「日本語の方は歯切れがいいのは間違いない。しかし、意味の分からない中国語のほうが雰囲気を歌っているようで引き込まれるというのも不思議な話である」[34]。高橋が言う「異国雰囲気づくり」は、確かに日本の広告において多用される手法である。フランス語を使って「憧れのフランス」という雰囲気を表現するものを日頃目にすることも多いだろう。加えて、サントリー烏龍茶のCMソングは、笠置シヅ子が歌って大ヒットした「東京ブギウギ」、「鉄腕アトム」、「いつでも夢を」などの名曲のカバーが多いこともあり、自然と人

32　張（2005）、95-96頁。
33　サントリー烏龍茶の歴代CM集は、http://www.sun-ad.co.jp/work/feature/vol7 で確認できる（2015年11月6日確認）。
34　高橋（1993）、61-65頁。

気を後押しした。一方、2003年の「大きな河と小さな恋」というCMソングは、一時はカラオケでも歌うことができるほどヒットした。

Ⅱ 中国の遊びで 心を癒す

　日本の広告は、勿論ターゲットである日本の消費者に向けて作り出される。ときにそれは、日本に住む外国人に特殊な感覚を覚えさせることがある。筆者の実体験を例に挙げると、次のようなことがあった。筆者は日本に住み始め、生活に慣れる一方で、時々母国に対する想いも頭をもたげていた。そんなある時、サントリー烏龍茶のCM「ピャーピャー」篇が目に飛び込んで来た。CMでは、二人の少女が中国式「アッチ向いてホイ」をして遊んでいる。少女たちは、「2匹の蜜蜂が花の中へ飛んでいった、ペンペン、痛い、痛い」などとしゃべっている。二人はジャンケンをし、勝った方がサントリーホット烏龍茶を飲む。筆者はこのCMを見て、自分もやってみたい気持ちになり、普段はあまり飲まない烏龍茶が好きになり出した。このCMは、幼い頃、同じ遊びをしたことがある者をとても懐かしい気持ちにさせる。中国語のセリフが分からなかったとしても、動きやジェスチャーから少女たちが遊んでいるのは「アッチ向いてホイ」だと理解できる。このようなCMを見るにつけ、商品の宣伝だとは思えず、筆者にとっては一風変わった楽しみを味わう気分であった。

Ⅲ 中国文化のシンボルやキャラクター

　日本では、昔から『西遊記』などの中国小説が広く読まれているため、その主人公の一人である孫悟空は馴染みのあるキャラクターであろう。人気アニメ「ドラゴンボール」の主人公も孫悟空であることで、孫悟空は子供にも人気がある。また、1970年代に日中友好交流の一環として中国から上野動物園へパンダが贈られた。「パンダを見よう」とする人々が上野動物園に殺到したことを記憶している人も多いだろう。このように、日本社会においては孫悟空やパンダは中国文化のシンボルとなっている。サントリー烏龍茶の

CMはこれに注目してか、度々孫悟空とパンダを登場させている。2002年、「自分史上最高相棒キャンペーン」を実施し、パンダのAIBO「ロンロン」を抽選で消費者へプレゼントした。また、この年のCMにはオリジナルソング「上海ブギウギ」を歌う歌手・楽基児（ゲイリ・ライ）の軽快なダンスと一緒にパンダのAIBO「ロンロン」も登場し、注目を集めた。一方、「吾と空」篇には孫悟空のキャラクターが登場した。

Ⅳ 清楚な中国人女性から感じる烏龍茶の素朴な美味しさ

　さらに、サントリー烏龍茶のCMは、積極的に中国人俳優を起用している。その大半はデビューしたばかりの無名の俳優や演劇学校の学生であるが、1996年の「あ、あの歌は」篇に出演した陸毅（ルーイー）や2004年の「カンフー」篇に出演した孫儷（スンリー）のようにのちに大ブレイクした俳優もいる。近年話題となったのは、2011年の「ごはんの幸福・チキン」篇に出演した張　震（チャンチェン）と、「ごはんの幸福・小籠包」篇や「ご近所ピクニック」篇に出演した范冰冰（ファンビンビン）の二人である。これらのCMでは、フライドチキン・小籠包・ラーメンなどの料理と烏龍茶との相性の良さが演出されている。范冰冰は嬉しそうにアツアツの小籠包をほおばると、次の瞬間には舌を火傷しそうになって目を白黒させる。このシーンはとてもリアリティがあり、美味しい料理と烏龍茶によって作り上げられた「幸福感」がモニターを通しても感じられる傑作である。「幸福を笑うな」というキャッチフレーズも、非常に巧妙にCMを見ている視聴者のリアルな反応を捉えている。

　普段は「ばっちりメイク」でマスコミの前に出ることの多い范冰冰が薄化粧で出演したことにも、注目しておきたい。サントリー烏龍茶のCMにはこれまで多くの中国人女性が出演しているが、ほぼ清楚な身なりや雰囲気をした女性である。小さな村で暮らす少女にも、大都会で奮闘する若い女性にも、同じようにみな素朴な顔があるのだということが視聴者へ示されている。これはおそらくサントリー烏龍茶の広告作りの長期的戦略であろう。やはり消費者には、烏龍茶という昔からあるお茶に、時代やシチュエーションを超え

て「素朴で美味しい」というイメージをもってもらいたい、このような意図がCMのなかに潜んでいるように思う。

結びに
　以上、サントリーの烏龍茶広告を中心に、そこにみられるいくつの中国的文化要素をピックアップしてみた。長年多くのサントリー烏龍茶の広告制作に携わったカメラマンの上田義彦は、『知日　It is JAPAN』のインタビューで次のように述べている。「上田さんは長年中国を撮り続け、大勢の中国の著名人ともコラボなさっていますね。中国にはまった理由はなんでしょうか。中国の印象をお話しいただけますか」との質問に対して、「日本人にとって、中国は身近な存在である一方、歴史のなかからタイムスリップして現れたような遠い国でもあります。そんな中国に我々は非常に魅力を感じます。その遥か彼方にある神秘への渇望があるから、私はいくたびも中国を訪れるのです」[35]と答えた。上田義彦の作品には、中国で撮影した風景や人物が多い。彼の言う「遥か彼方にある神秘への渇望」は、サントリー烏龍茶の広告に共通するところがありそうである。1984〜1986年の「烏龍茶大人（タイジン）」シリーズに登場した一族を始め、1987年の「茶つみ」篇にある福建省・武夷山の茶畑、1995年の「お茶のコ」篇にある茶畑に住む葉っぱの妖精、2000年の「風草原」篇に現れる大草原など、サントリー烏龍茶のCMはいつも視聴者に一種の神秘を味わわせる。そして、このような神秘が様々な中国的文化要素と一体化し、多彩な烏龍茶広告の世界を作り上げたと言えよう。

35　「普遍即永恒采访摄影师上田义彦」、114-115頁。引用は筆者による訳。

文献一覧

＜日本語＞

秋元律郎(1974)『戦争と民衆』、学陽書房

朝日新聞百年史編修委員会編(1995)『朝日新聞社史　資料編』、朝日新聞社

浅田彰(1984)『逃走論—スキゾ・キッズの冒険』、筑摩書房

『アジア遊学』編集部(2007)「特集『良友』画報とその時代」、『アジア遊学』第103号

Amin(2007)『ウーロン茶のCMソングから中国語を始めませんか?』、小学館

石川照子(2007)「『良友』画報と女性表象　宋家三姉妹はどう描かれたのか」、『アジア遊学』第103号

石田あゆう(2003)「広告メディアとしての戦時期婦人雑誌—『主婦之友』の流行案内を中心に」、津金澤聡廣・佐藤卓己編『広報・広告・プロパガンダ』、ミネルヴィ書房

井上祐子(2001)「「国家宣伝技術者」の誕生—日中戦争期の広告統制と宣伝技術者の動員」、『年報・日本現代史　第7号』、現代史料出版

井上崇通(1999)「我が国と中国における百貨店の経営比較」、『愛知大学経営総合科学研究所叢書18　現代中国の消費と流通』、愛知大学経営総合科学研究所

岩井克人(1985)『ヴェニスの商人の資本論』、筑摩書房

岩崎育夫(1997)『華人資本の政治経済学—土着化とボータレスの間で』、東洋経済新報社

岩間一弘(2002)「デパートガール」、菊池敏夫・日本上海史研究会編『上海職業さまざま』、勉誠出版

ウィリアムスン・ジュディス(1985)、『広告の記号論』、山崎カヲル他訳、柘植書房

上田義彦（2015）『A life with Camera』、鳥羽書店
上野千鶴子（1992）『増補＜私＞探しゲーム』、筑摩書房
内田隆三（1997）『テレビCMを読み解く』、講談社
遠藤堅治（2002）『21世紀環境経営とコミュニケーション』、電通
榎本泰子（2009）『上海——多国籍都市の百年』、中央公論新社
小平麻衣子（2008）『女が女を演じる：文学・欲望・消費』、新曜社
加藤晴明（2001）『メディア文化の社会学』、福村出版
加納実紀代（1987）『女たちの＜銃後＞』、筑摩書房
柄谷行人（1993）『言葉と悲劇』、講談社
神野由紀（1994）『趣味の誕生：百貨店がつくったテイスト』、勁草書房
菊池敏夫（2005）「戦時上海の百貨店と商業文化」、高綱博文編『戦時上海——1937〜45年』、研文出版
北河賢三（1989）『国民総動員の時代』、岩波書店
草刈順（1979）「パルコの創成期」、『パルコのアド・ワーク』、PARCO出版
興亜院華中連絡部（1939）「上海電話会社の概況」、『興亜華中資料第60号 中調聯交資料第2号』
興亜院技術部（1939）「上海電話会社の概況」、『興技調査資料第21号』
ゴフマン（1986）『儀礼としての相互行為——対面行動の社会学』、広瀬英彦・安江孝司訳、法政大学出版局
佐藤卓巳（2002）『『キング』の時代——国民大衆雑誌の公共性』、岩波書店
坂田隆文（2003）『百貨店を中心とした小売業態の変容に関する研究：その理論的考察と歴史分析』、神戸大学博士論文
渋谷克己（1991）『大衆操作の系譜』、勁草書房
島一郎（1995）「近代上海におけるデパート業の展開」、『経済学論業』第47巻第1号
ジェイプ・フランツェン（1996）『広告効果　データと理論からの再検証』、八巻俊雄ほか訳、日本経済新聞社
謝憲文（2000）『流通構造と流通政策　日本と中国の比較』、同文館

徐亦猛（2006）「中国におけるキリスト教本色化（土着化）運動―新文化運動からの探究―」、『神學研究』第53号
鈴木孝夫（1990）『日本語と外国語』、岩波書店
瀬崎圭二（2008）『流行と虚栄の生成―消費文化を映す日本近代文学―』、世界思想社
多木浩二（1995）『スポーツを考える』、筑摩書房
高橋康雄（1993）『私のCMイメージ論』、三一書房
高柳美香（1997）「我が国における百貨店の成立とショーウインドーの導入」、『経営史学』第31巻第4号
田崎宣義・大岡聡（1999）「消費社会の展開と百貨店」、山本武利・西沢保編『百貨店の文化史―日本の消費革命』、世界思想社
田島奈都子（1999）「ウインドー・ディスプレー」、山本武利・西沢保編『百貨店の文化史―日本の消費革命』、世界思想社
中国通信社調査部（1937）「上海電話会社の検討」、『中通資料第63号』
デリダ（1977）『エクリチュールと差異』、若桑毅他訳、法政大学出版局
電通総研編（2008）『情報メディア白書2008』、ダイヤモンド社
董愛軍（2000）「広告環境としての百貨店―天津市における伊勢丹と勧業場の比較分析」、『六甲台論集　経営学編』46（3）
ドゥルーズ（1992）『差異と反復』、財津理訳、河出書房新社
生瀬克己（2006）「破壊される心と身体」、『岩波講座　アジア・太平洋戦争6　日常生活のなかの総力戦』、岩波書店
成田龍一（2006）「まえがき」、『岩波講座　アジア・太平洋戦争6　日常生活のなかの総力戦』、岩波書店
難波功士（1996）「広告というコミュニケーション」、『岩波講座　現代社会学　第21巻　デザイン・モード・ファッション』、岩波書店
難波功士（1998A）「百貨店の国策展覧会をめぐって」、『関西学院大学社会学部紀要』第81号
難波功士（1998B）『撃ちてし止まむ―太平洋戦争と広告の技術者たち』、講

談社

西沢保（1999）「百貨店経営における伝統と革新」、山本武利・西沢保編『百貨店の文化史―日本の消費革命』、世界思想社

日本平和学会編集委員会編（1983）『平和学－理論と課題』、早稲田大学出版部

野村総合研究所「地下鉄副都心線開業による都心商業エリアへの影響に関するアンケート調査結果」http://www.nri.co.jp/news/2008/080711.html

初田亨（1999）『百貨店の誕生』、筑摩書店

白麗（1997）「中国百貨店の近代化に関する一考察―上海第一百貨店を実例に―」、『経済学研究論集』第8号

フィスクほか（1991）『テレビを〈読む〉』、池村六郎訳、未来社

フィッシャー・クロード（2000）『電話するアメリカ―テレフォンネットワークの社会史』、吉見俊哉他訳、NTT出版

ホックシールド（2000）『管理される心―感情が商品になるとき―』、石川准・室伏亜希訳、世界思想社

星野道夫（2003）『星野道夫著作集2』、新潮社

毎日新聞社社史編纂委員会編（1952）『毎日新聞七十年』、毎日新聞社

マクルーハン・カーペンター編（1981）『マクルーハン理論（新版）』、大前正臣・後藤和彦訳、サイマル出版会

マクルーハン（1987）『メディア論』、栗原裕・河本仲聖訳、みすず書房

宮原暁（2004）「中国系移民の土着化/クレオール化/華人化についての人類学的研究」、『アジア・アフリカ言語文化研究所通信』第110号

村井寛志（2007）「『良友』画報と華僑ネットワーク―香港・華僑圏との関連からみた"上海"大衆文化史―」、『東洋史研究』第66巻第1号

村上志保（2005）「中国プロテスタンティズムの変容と土着化論の問題―上海の事例を中心に―」、『茨城キリスト教大学紀要』第39号

安川良介（2004）「「エコ・コミュニケーション」のすすめ」、電通エコ・コミュニケーション・ネットワーク編『環境プレイヤーズ・ハンドブック2005

―サステナブル世紀の環境コミュニケーション』、ダイヤモンド社
八巻俊雄（1992）『日本広告史』、日本経済新聞社
山口昌男（1995）『「敗者」の精神史』、岩波書店
山本澄子（1972）『中国キリスト教史研究―プロテスタントの「土着化」を
　　　中心として』、近代中国研究委員会
山本武利・西沢保（1999）『百貨店の文化史―日本の消費革命』、世界思想社
ヤン・チャールズ（1973）『広告の科学』、中央公論社
吉田裕・吉見義明編（1984）『資料　日本現代史　10』、大月書房
吉見俊哉（1996）『都市の空間　都市の身体』、勁草書房
読売新聞100年史編集委員会編（1976）『読売新聞100年史　別冊　資料・年表』、
　　　読売新聞社
若桑みどり（2000）『イメージの歴史』、放送大学教育振興会
若林宣（2008）『戦う広告　雑誌広告に見るアジア太平洋戦争』、小学館

＜中国語＞

劉怡婷（2007）「従「永安月刊」看1939 - 1949年代的上海新女性」、『史苑』
　　　第67期
上海社会科学院経済研究所編（1981）『上海永安公司的産生、発展和改造』、
　　　上海人民出版社
上海百貨公司・上海社会科学院経済研究所編（1998）『上海近代百貨商業史』、
　　　上海社会科学院出版社
蘇智良（2007）「東亜双雄：上海、東京的現代化比較」、『全球化進程中的上
　　　海与東京、上海三聯書店
朱国棟・王国章編（1999）『上海商業史』、上海財経大学出版社
北京市地方志編纂委員会（2003）『北京志・市政巻・電信志』、北京出版社
陳家鸚・鄒建華（2003）「独立傾聴徳律風―上海電話業之初」、『纵横』
郭衛東（1993）『近代外国在華文化機構総録』、上海人民出版社
洪九来（2006）『寛容与理性―『東方雑誌』的公共輿論研究（1904-1932）』、

上海人民出版社

林語堂（1994）『中国人』、郝志東・瀋益洪訳、学林出版社

魯迅（2005）『魯迅全集』、人民文学出版社

瀋寧（2009）「1924‐1925年上海電話加価案」、『黒竜江史誌』

忻平（2009）『従上海発見歴史—現代化進程中的上海人及其社会生活 1927-1937（修訂版）』、上海大学出版社

張宏庸（2005）『台湾茶広告百年』、遠足文化

「普遍即永恒 采访摄影师上田义彦」、『知日 It is JAPAN』2013年第9期

＜英語＞

Berger, Arthur. (2005) *Media Analysis* Techniques Third Edition. Thousand Oaks: Sage.

Bickers, Robert. and Christian. Henriot. Eds. (2000) *New Frontiers: Imperialism's New Communities in East Asia, 1842-1953*. Manchester: Manchester University Press.

Chan, K.K. Wellington. (1999) Selling Goods and Promoting a New Commercial Culture: The Four Premier Department Stores on Nanjing Road, 1917-1937. Edited by Cochran Sherman. *Inventing Nanjing Road: Commercial Culture in Shanghai, 1900-1945*. New York: East Asia Program, Cornell University.

Crow, Carl. (1937) *Four Hundred Million Customers*. New York: Harper & Brothers Publishers.

Giddens, Anthony. (1990) *The Consequences of Modernity*. Cambridge: Polity Press.

Giddens, Anthony. (1991) *Modernity and Self-Identity: Self and Society in the Late Modern Age*. Cambridge: Polity Press.

Goffman, Erving. (1967) *Interaction Ritual: Essays on Face-to-Face behavior*. New York: Pantheon Books.

Hall, James. (1974) *Dictionary of Subjects & Symbols in Art.* New York: Harper & Row Publishers.

Hochschild, A. (1983) *The Managed Heart: Commercialization of Human Feeling.* Berkeley and Los Angeles CA: University of California Press.

Hu, Hsien Chin. (1944) "The Chinese Concepts of 'Face'" *American Anthropologist.* 46-1.

Hwang, Kwang-kuo. (1987) "Face and Favor: The Chinese Power Game" *The American Journal of Sociology.* 92-4.

Lee, Leo Ou-fan. (1999) *Shanghai Modern: the Flowering of A New Urban Culture in China, 1930-1945.* Cambridge, Massachusetts: Harvard University Press.

Oxfeld, Ellen. (1993) *Blood、Sweat、and Mahjong: Family and Enterprise in an Overseas Chinese Community.* Ithaca: Cornell University Press.

Smith, Arthur. H. (1894) *Chinese Characteristics.* New York: Fleming H. Revell Company.

Thompson, B. John. (1995) *The Media and Modernity: A Social Theory of the Media.* Cambridge: Polity Press.

Wei, Betty Peh-T'i. (1990) *Shanghai: Crucible of Modern China.* Hong Kong: Oxford University Press.

Whitaker, Jan. (2006) *Service and Style: How the American Department Store Fashioned the Middle Class.* New York: St. Martin's Press.

Yeh, Wen-Hsin. (2007) *Shanghai Splendor: Economic Sentiments and the Making of Modern China, 1843-1949.* Berkeley: University of California Press.

初出一覧

第1章：
『モダン・消費・空間：日本と中国の百貨店広告に関する比較研究』第1章、吉田秀雄記念事業財団、2009

第2章：
「電話のある生活」、『現代中国研究』第27号、中国現代史研究会、2010

第3章：
「百貨店広告と国民総動員」、『多元文化』第9号、名古屋大学、2009

第4章：
「台所における国民総動員」、『八事』第25号、中京大学、2009

第5章：
『モダン・消費・空間：日本と中国の百貨店広告に関する比較研究』第3章、吉田秀雄記念事業財団、2009

第6章：
『モダン・消費・空間：日本と中国の百貨店広告に関する比較研究』第4章、吉田秀雄記念事業財団、2009

第7章：
「试论城市交通与消费者行为的关系—以东京地铁新线开通后的一项调查为例」、『中国城市研究』第三辑，商务印书馆，2010

補論第2節：
「文化の違いを超える広告」、『第58回学生広告論文電通賞入賞作品集』、電通、2006

補論第5節：
"Chinese Culture Aspects in Japanese Advertisements", Full paper submitted to East Asian Popular Culture Association 2011 Inaugural Conference.

事項索引

あ
『朝日新聞』　　　　　　　　　132

い
伊勢丹　　　55、69、72、73、75、78、81
『いつでも夢を』　　　　　　　140
「慰問袋」広告　　　　　　　58、59

え
永安百貨　　　7、13、15、18、19、81
恵羅百貨　　　　　　　　　　17

お
『大きな河と小さな恋』　　　　140

か
康克令西施　　　　　　　　　15
感情労働　　　　　　　　　　15

き
京都議定書　　　　　　　　　128
近代性　　　　　　　　　　27、40

く
グリーンウォッシュ　　　　　129

こ
工部局　　　　　　　　　　　28
国策　　　　　　　　　　48、61〜65
国家総動員　　49、52、55、61〜63、65
国民精神総動員　　　52、53、55、57、59、61、63

さ
座売り方式　　　　　　　　　18
『菜根譚』　　　　　　　　　119
『西遊記』　　　　　　　　　140

し
時空間の分離　　　　　　　　32
持続可能性　　　　　　　　　124
ショー・ウィンドー　　　20〜24、51
白木屋　　　　　　　　　　　55
『申報』　　　　　　　　18、20〜22
『上海漫画』　　　　　　　　17
上海電話公司　　26〜28、33、42、43
新新百貨　　　　　　　　　7、81
新世界百貨　　　　　　　　76、81
『新民晩報』　　　　　　　　67

せ
性別役割　　　　　　　　37、39、40
先施百貨　　　　　　　7、13、18、81

そ
相互作用の三種類　　　　　　12
租界　　　　　　　　　　　　26

た
太平洋戦争　　　　　　　　　48
太平洋百貨　　　　　　　　74、81
第二次上海事変　　　　　　　28
大新百貨　　　　　　　　　7、81
『台湾日日新報』　　　　　　139
高島屋　　　54、55、57、58、68、78、81

て

徳律風	29
『鉄腕アトム』	140
デパート・ガール	13、15

と

『東京朝日新聞』	49、50、59、61
『東京日日新聞』	49
『東京ブギウギ』	140
当社比広告	117
『東方雑誌』	26、29、30、39、40、41、43
『ドラゴンボール』	140

に

『日経新聞』	133
『ニューヨーク・タイムズ』	132

は

派克皇后	15
剝離	32
パルコ	70、71

ふ

ファッション・ショー	17
富安百貨	75

ほ

『報知新聞』	49
「防空大演習」広告	57、59

ま

麻雀ゲーム	35
松坂屋	54、55
松屋	55
満州	54

み

三越	53、55、59、68、78、81

め

メッセンジャーボーイ	13、15
面子	34

よ

豫園商城	75、81
『読売新聞』	49、67

り

『良友画報』	26、30、31、40、41、43

ろ

ローカル化	33、35
盧溝橋事件	52、61
『論語』	138

わ

「和服更生」広告	55、59
The Guardian	126
The North China Daily News	26、30、31、36〜38、40、41、43

人名索引

あ
秋元律朗　　　　　　　　52、56
アレクサンダー・ベル　　　　28
浅田彰　　　　　　　　　　117
アンソニー・ギデンズ　　　　31

い
石川照子　　　　　　　　　29
石田あゆう　　　　　　　　55
井上祐子　　　　53、55、57、58
岩井克人　　　　　　　　　123
岩間一弘　　　　　　　7、14、15

う
上田義彦　　　　　　　　　141
上野千鶴子　　　　　　7、22、50
内田恭子　　　　　　　　　132
内田隆三　　　　　　　117、120

お
大岡聡　　　　　　　　　12、14

か
笠置シズコ　　　　　　　　139
加藤晴明　　　　　　　　　30

き
菊池敏夫　　　　　　　　　7〜9
樹木希林　　　　　　　　　114
北河賢三　　　　　51、52、55、61
君原健二　　　　　　　　　135

く
草刈順　　　　　　　　　　69

こ
洪応明　　　　　　　　　　118
ゴフマン　　　　　　　　10、15

さ
佐藤卓巳　　　　　　　　　48

し
渋谷重光　　　　　　　　50、51
ジェイプ・フランツェン　114、116
ジョン・フィスク　　　　　135

す
鈴木孝夫　　　　　　　　　116

せ
瀬古利彦　　　　　　　　　135

そ
孫麗　　　　　　　　　　　140

た
田崎宣義　　　　　　　　12、14
田島奈都子　　　　　　　20、22
多木浩二　　　　　　　　　134
高橋康雄　　　　　　　　　138
田村正和　　　　　　　　　114

ち
チャールズ・ヤン	130
張震	140

て
デリダ	117

と
ドゥルーズ	117

な
生瀬克己	52、61
成田龍一	48、58、65
難波功士	7、9、10、58

に
西沢保	7、16

は
初田亨	7、17
浜崎あゆみ	114
范冰冰	140

ひ
広末涼子	114

ふ
フィッシャー・クロード	30、38
フランク・ショーター	135

ほ
星野道夫	122、128
ホックシールド	14

ま
マクルーハン	122

み
三谷幸喜	137

ら
楽基児	140

り
陸毅	140
林語堂	33

ろ
魯迅	33

や
安川良介	128
山口昌男	7
八巻俊雄	47

よ
与謝野晶子	122
吉田裕	63
吉見義明	63
吉見俊哉	7

わ
若桑みどり	70
若林宣	58
Arthur Asa Berger	66、69
Arthur. H. Smith	33
Carl Crow	33

Jan Whitaker   21

Leo Ou-fan Lee   7、26、28

Thompson, B. John   10、11、12、23

著者略歴

楊 韜（よう とう，ヤン タオ）

1978年、中国・長沙市生まれ。
札幌大学卒業、名古屋大学大学院修了、博士（学術）。日本学術振興会特別研究員、名古屋大学大学院国際言語文化研究科助教を経て、現在は佛教大学文学部専任講師。専門は中国近現代史、メディア論。著書に『民主と両岸関係についての東アジアの観点』（共著、東方書店）、『新聞媒介的歴史脈絡』（共著、世新大学舎我紀念館）、『多角的視点から見た日中戦争』（共著、集広舎）、『近代中国における知識人・メディア・ナショナリズム』（単著、汲古書院）など。

モダン・空間・異文化
―東アジアの広告文化論―

2016年4月6日　第1刷発行　　　定価 2,000円（税別）

著　者　楊　　韜
発行者　土　江　洋　宇
発行所　朋　友　書　店

〒606-8311　京都市左京区吉田神楽岡町8
電　話（075）761-1285
FAX（075）761-8150
E-mail: hoyu@hoyubook.co.jp

印刷所　株式会社 図書印刷 同朋舎

ISBN 978-4-89281-151-7 C3022 ¥2000E